Schritt für Schritt

BASTELN MIT MATERIALIEN AUS DER NATUR

Titel der Originalausgabe: The step-by-step Art of Nature Crafts
Übertragung aus dem Englischen:
Karin-Jutta Hofmann
Lektorat: Dieter Krumbach

ISBN 3-86070-475-3

2 3 4 5   8 9 00 1 2

Printed in EEC

Schritt für Schritt

BASTELN MIT MATERIALIEN AUS DER NATUR

Text von Pamela Westland

Fotos von Nelson Hargreaves

KARL MÜLLER VERLAG

Inhalt

Material

Aus natürlichen Materialien lassen sich die verschiedensten schönen Dinge basteln – von einem zarten Kranz mit Efeu und Heckenrosen bis hin zu extravaganten Gestecken aus bizarren Ästen und Gartenblumen. Zudem entscheidet man selbst, wieviel Zeit man dafür aufwenden will: Eine Handvoll Muscheln vom letzten Urlaub ist schnell an einem Strohhut befestigt. Dagegen muß man schon einige Geduld aufbringen, um eine Styroporkugel mit selbstgepreßten Blättern zu bekleben.
Materialien für dieses kreative Hobby begegnen Ihnen überall in der Natur, egal wo Sie sich gerade befinden. Zur besseren Übersicht haben wir dieses Buch nach Kapitel mit Materialien, die man im Wald, am Strand, am Wegesrand, im Garten und auf dem Wochenmarkt entdecken kann, gegliedert.

Im Wald
Ein Waldspaziergang wird zur faszinierenden Schatzsuche nach natürlichen Bastelmaterialien, wenn man die Augen dabei offenhält. Halten Sie Ausschau nach herabgefallenen Zweigen mit interessanten Formen, nach kleinen Ästen, an denen Tannenzapfen hängen oder die mit Flechten bewachsen sind, nach kleinen hohlen Baumstämmen, die wunderbare Behältnisse für Waldblumenarrangements abgeben, und nach getrockneten Mooskissen. Sammeln Sie Kastanien und Bucheckern, die geflügelten Samen von Platane und Ahorn sowie überhaupt jede glänzende braune Nuß, die Sie zwischen den herabgefallenen Blättern entdecken können. Schauen Sie sich auch die Blätter genau an, sammeln Sie eine Handvoll von jeder Form, Farbe und Größe, aber seien Sie wählerisch. Von Insekten beschädigte Blätter sehen meist nicht schön aus. Tief eingeschnittene Ahornblätter kann man vergolden und verschiedenen Gestecken als Farbtupfer beifügen. Andere wiederum wirken gepreßt als Dekoration für Geschenke interessant. Vergessen Sie auf Ihrem Spaziergang auch nicht, einen großen Korb mitzunehmen, den Sie mit Kiefern-, Lärchen- oder Tannenzapfen füllen können.

▲ Schätze des Waldes

▼ Dekorative Strandfunde

▼ Mitbringsel vom Wegesrand

Am Strand

Der Strand bietet ein reiches Betätigungsfeld für Sammler von schönen Dingen. Suchen Sie nach verwitterten und gebleichten Treibholzstücken, die einem Blumenarrangement Ausdruckskraft verleihen oder einen bizarren Wandschmuck abgeben könnten. Gehen Sie nicht achtlos an einem alten (offensichtlich nicht mehr brauchbaren) Seil vorbei. Je zerschlissener und wettergegerbter, um so besser. Man kann daraus wunderbare Aufhänger für Kränze und anderen Wandschmuck herstellen. Nehmen Sie auch getrockneten Seetang, das Laub der Küste, mit, weil er wunderbar mit zerklüfteten und perlmuttglänzenden Muscheln harmoniert.

Muscheln kann man auf viele Arten zur Schau stellen – beispielsweise in einem Glas, an einem Kranz, in einem Korb, einem Krug oder auf Päckchen – die Möglichkeiten sind nahezu unbegrenzt.

Vom Wegesrand

Felder, Wiesen, Hecken und Wegesränder sind reich an Sammelmaterial. Bevor Sie jedoch irgend etwas mitnehmen oder abschneiden, machen Sie sich zunächst mit den örtlichen Bestimmungen des Artenschutzes vertraut. Diese variieren von Land zu Land. Normalerweise ist es eine Straftat, unter Naturschutz stehende Blumen zu pflücken. Dasselbe trifft natürlich auch auf das Ausgraben von ganzen Pflanzen zu! Trotzdem bleiben für uns Efeuranken, die wir um Servietten, Gläser und Kerzenleuchter schlingen können, die Ähren von Weizen, Hafer und Roggen, die an den Feldrainen stehen, dekorative Federgräser und blühende Wildblumen reizvolles Zubehör.

Im Garten

Im eigenen Garten finden Sie alles, was Sie brauchen, um farbenfrohe Kränze und elegante Tafeldekorationen, romantische Gebinde und nostalgische Korbarrangements anzufertigen – und das nicht nur im Sommer. Herbstliches Gemüse wie Flaschenkürbisse und Maiskolben, aber auch Blumenkohl und Brokkoli können beim Basteln mit natürlichen Materialien verarbeitet werden.

▲ *Gartenblumen* ▼ *Exotisches vom Wochenmarkt*

Auf dem Wochenmarkt

Die wenigsten von uns sind in der Lage, leuchtende Zitrusfrüchte, exotische Wassermelonen oder farbenfrohe Pfeffer- und Chilischoten selbst zu züchten. Aber für diejenigen mit einem Blick für Gestaltung hält der Wochenmarkt allerlei Dekoratives bereit.

Setzen Sie die oft etwas grellen Farben und Formen in Kontrast zu den warmen erdigen Tönen von Gewürzen wie zum Beispiel Zimtstangen und Muskatnüssen, abgefallenen Rosenblättern und hübschen Blüten. Abfälle aus Ihrer Sammlung getrockneter Blumen und erdbrauner Gewürzen ergeben außerdem zauberhaft duftende Potpourris.

Zubehör

Viele Basteltechniken haben traditionelle Wurzeln. Sie stammen aus der Zeit, als die Menschen, vom Kleinkind bis zu den Großeltern, auf den Feldern saßen und Getreidehalme zu dekorativen oder symbolischen Formen flochten und banden, ohne dazu ein Werkzeug zu benutzen. Ein schönes Beispiel für dieses uralte Kunsthandwerk sind Festgebinde und -girlanden. Andere Arrangements – hierzu gehören zum Beispiel auch viele Arten von Kränzen – sind leichter anzufertigen, wenn man dazu bereits fertige Grundformen, Drähte und Bänder zu Hilfe nimmt. Natürlich sollte man die Wirksamkeit von scharfen Scheren und anderen Schneidewerkzeugen nicht unterschätzen. Die Abbildungen auf diesen Seiten zeigen Zubehör, das Ihnen das Anfertigen von Naturbastelarbeiten erheblich erleichtert.

▲ *Verschiedene Kranzformen*

▲ *Unterschiedliche Gefäße*

Die Kranzformen

Einige Kranzformen sind so attraktiv, daß man sie nur mit einem Minimum an Dekoration auszustatten braucht, vielleicht mit ein paar Kiefernzapfen oder einer bunten Schleife. Dazu zählen etwa Kränze aus ineinander verdrehten Weidenruten, aus getrockneten Gräsern oder aus geflochtenem Stroh.
Aus jeder dieser Kranzformen kann man mit getrocknetem Pflanzenmaterial (von Blumen bis hin zu Flaschenkürbissen, Tannenzapfen und Gewürzbündeln) einen dauerhaften Wandschmuck herstellen. Schneller vergänglich, aber wunderschön, sind jedoch auch Kränze mit frischen Blüten und Früchten.
Ringe aus Schaumstoff, meist grünlich oder grau, eignen sich besonders gut für getrocknete Blumen. Dann gibt es noch Steckschwämme, die sich mit Wasser vollsaugen können und deshalb ideal für Arrangements mit frischen Blüten sind.

Die Gefäße

Es ist kaum eine Überraschung, daß der Begriff „Vase" beinahe ganz aus dem volkstümlichen Sprachgebrauch verschwunden ist. Beim Aussuchen eines Gefäßes für so unterschiedliches Pflanzenmaterial, das aus gebogenen Zweigen und zarten Schlüsselblumen, exotischen Strelitzien und Seetangbüscheln bestehen kann, erscheint einem manchmal ein ausgehöhlter Baumstamm oder ein alter Eimer als wesentlich geeigneter.
Die größte Harmonie zwischen Gefäß und Pflanzen besteht dann, wenn beide in ihren Strukturen kontrastieren. Getrocknete Blumen und Blätter sehen am besten in funkelndem Glas, in einer glänzenden Muschel oder in einem polierten Weidenkorb aus. Material, das von sich aus glänzt, sollte dagegen in Gefäßen mit gedämpfter Leuchtkraft arrangiert werden.

Das Befestigungsmaterial

Derartige Materialien erleichtern die Arbeit ungemein und ermöglichen zudem das Herstellen außergewöhnlicher Formen. Ein Bündel Halme in einem schmalen Krug steht in einer mehr oder weniger aufrechten Position. In einem weiten Gefäß dagegen breiten sie sich fächerförmig aus. Wenn man jedoch ein Gefäß vorher mit Steckmasse füllt, halten die Halme in jeder beliebigen Lage.

Sowohl das trocken als auch das naß zu verwendende Steckmoos (für Trocken- oder Schnittblumen) wird in Blöcken verkauft und kann in jede gewünschte Größe oder Form zurechtgeschnitten werden. Die wasseraufsaugende Masse muß vor der Verarbeitung etwa zwanzig Minuten lang in kaltem Wasser eingeweicht und dann ständig feucht gehalten werden. Zur späteren Weiterverwendung sollte man sie in einem gut verschlossenen Plastikbeutel aufbewahren, denn wenn sie einmal austrocknet, kann sie nie mehr Wasser aufnehmen.
Um die Steckmasse in einem weiten oder flachen Gefäß zu befestigen, benötigen Sie einen speziellen Ring oder „Igel" mit Plastikdornen aus dem Blumenladen, der wiederum mit Floristenkleber (siehe Seite 14–15) befestigt wird. Sie können die Steckmasse jedoch auch mit Floristenklebeband, das in vielen verschiedenen Farben angeboten wird, direkt im Gefäß anbringen.
Will man kräftigere Äste oder hohe Stiele in einem Gefäß fixieren, sollte man dagegen zu extra harter Floristik-Knetmasse greifen. Eine Alternative dazu bietet auch Kaninchendraht, vor allem, wenn er mit Plastik

ummantelt ist. Man kann ihn zu einer Kugel formen, in den Hals des Gefäßes stecken und mit Floristenklebeband befestigen (siehe Seite 14–15).

Die Drähte und das Schneidewerkzeug

Ein gutes Schneidewerkzeug ist unerläßlich, will man nicht riskieren, daß die Pflanzen beschädigt werden. Verwenden Sie eine Astschere für die dickeren Äste und eine Floristenschere für alle anderen Stiele. Mit beiden sollte man jedoch niemals Draht schneiden. Dafür gibt es spezielle Drahtzangen.

Zum Befestigen von Blumen, Tannenzapfen und Muscheln auf falschen Stielen oder an Kränzen benötigen Sie Blumen- oder Bindedraht, der in vielen Längen und Stärken erhältlich ist.

Feinen Silberdraht brauchen Sie für kleine Sträußchen und zum Anbringen von Laub oder Blüten an einer Grundform für Girlanden, die aus einer Schnur, einem Seil oder zerknülltem Papier bestehen kann.

Umwickeln Sie falsche Drahtstiele mit Klebeband aus Guttapercha, damit sie in Arrangements und Gestecken etwas natürlicher aussehen.

Leim ist ein guter Drahtersatz beim Fixieren von Pflanzen an einer Kranzform oder einer Girlande,

▲ *Drähte und Schneidewerkzeug*

▼ *Befestigungsmaterial*

▼ *Dekorationsmaterial*

wobei sich die Anschaffung einer Heißklebepistole sicherlich auszahlt.

Das Dekorationsmaterial

Bänder und Kerzen können Pflanzenarrangements den letzten Schliff verleihen. Versuchen Sie es einmal mit Schleifen an einem Tischgesteck, herabhängenden Bändern bei einer romantischen Leuchter-Dekoration und Bienenwachskerzen in einem efeuumwundenen Kerzenhalter.

Gerollte Kerzen aus echtem Bienenwachs eignen sich übrigens besonders gut zu diesen Zwecken, weil die Arrangements dadurch einen feinen Duft verströmen. Ein Kerzendorn, ein Plastikhalter mit einem spitzen Dorn in der Mitte, hilft beim Fixieren von Kerzen in einem Ring aus Steckmoos, weil dadurch vermieden wird, daß die Masse zerbröckelt oder bricht.

Techniken

Das Drahten

Zu wissen, wie man Blumen, Tannenzapfen, Muscheln und andere Materialien richtig drahtet, erhöht die Zahl der Gestaltungsmöglichkeiten ungemein. Blumen, die an sehr kurzen Stielen getrocknet wurden, oder Strohblumen, bei denen sich die Blüte leicht vom Stiel löst, können auf Draht aufgezogen und danach mit Floristenband in neutraler Farbe umwickelt werden.

Die Zapfen von Kiefern, Lärchen und anderen Koniferen erhalten ebenfalls einen falschen Stiel aus Draht und finden so Halt in Kränzen und Girlanden. Bei Muscheln verfährt man etwa auf die gleiche Weise. Viele Kränze und Girlanden können ganz einfach hergestellt werden, wenn man Blumen und Blätter, Samen und Gräser zunächst zu kleinen Sträußchen oder Büscheln bindet. Am besten verwenden Sie dazu dünnen Silber- oder Blumendraht in unterschiedlichen Farben.

1 *Diese Technik eignet sich für alle Blumen, frisch oder getrocknet, die einen tiefen Blütenkelch haben, wie z. B. Nelken. Für Blumenarrangements in einem Brautstrauß oder Kopfschmuck benutzen Sie dünnen Blumendraht. Als falscher Stiel eignet sich jedoch mittleren oder dicken Blumendraht am besten. Schieben Sie den Draht waagrecht durch den Blütenkelch und biegen Sie das kürzere Ende nach unten um.*

2 *Verdrehen Sie die zwei Drähte direkt unter dem Blütenkelch miteinander, bis das kürzere Ende eng am langen Draht-„Stiel“ anliegt.*

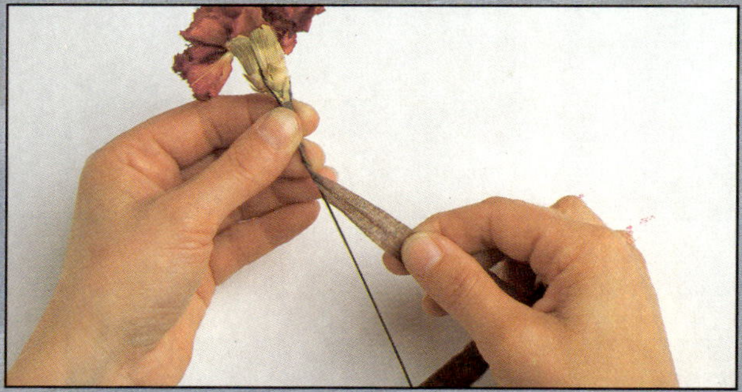

3 *Umwickeln Sie den Draht mit Guttapercha-Band, auch Floristenband genannt, das es in Grün, Braun und Beige gibt. Wickeln Sie ein Ende des Bandes um den Draht an der Basis des Blütenkelches. Dann drehen Sie die Blume so, daß sich das selbstklebende Band überlappend um den Draht wickelt. Am Ende des Drahtstiels wickeln Sie das Band noch einmal fest herum und schneiden es ab.*

4 *Zum Verdrahten einer Strohblume nehmen Sie einen mitteldicken Blumendraht und schieben ihn von unten durch die Blüte. Biegen Sie einen kleinen Haken und ziehen Sie den Draht vorsichtig wieder nach unten, so daß der Haken in der Blüte verborgen liegt.*

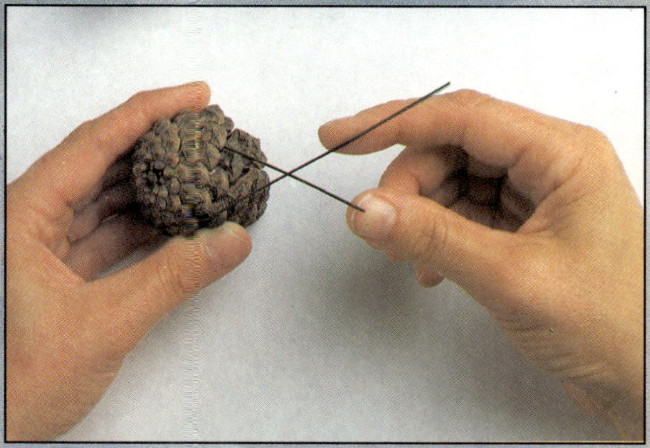

5 *Für den Stiel an einem Koniferenzapfen brauchen Sie einen mitteldicken Draht. Wickeln Sie ein Ende fest um die unterste „Schuppen"-Schicht und biegen Sie ihn nach unten.*

6 *Drehen Sie die beiden Drahtenden fest umeinander. Falls dieser Stiel in Ihrem Arrangement sichtbar bleibt, umwickeln Sie ihn mit Guttapercha-Band.*

7 *Vor dem Verdrahten einer Muschel sollten Sie deren Form gründlich studieren. Verwenden Sie dünnen Silberdraht oder mitteldicken Blumendraht, je nach Arrangement. Hat die Muschel ein kleines Loch, brauchen Sie den Draht nur dort durchzuschieben und die Enden zu verdrillen. Wenn nicht, wickeln Sie den Draht fest um die Mitte der Muschel und verdrehen die Enden miteinander. Bei Muscheln mit sehr glatter Oberfläche bewahrt ein Tropfen Leim den Draht vor dem Abrutschen.*

8 *Für ein Sträußchen aus getrocknetem Material arrangieren Sie die Stiele locker in einer Hand, so daß die Blumen und Gräser nicht zerdrückt werden. Schneiden Sie die Stiele in einer Länge ab und umwickeln Sie sie fest mit einem Ende des Drahtes bis hoch zu den Blütenköpfen. Wickeln Sie den Draht ruhig drei- oder viermal um die Stiele, bis sie sich wirklich nicht mehr lockern können, dann schneiden Sie den Draht ab. Falls Sie statt des Drahtes lieber Bindfaden oder Schnur verwenden wollen, lassen Sie ein kurzes Stück überstehen, damit Sie die Enden verknoten können.*

9 *Frische Blumen und Blätter werden auf ähnliche Weise zu Sträußchen gebunden. Passen Sie auf, daß Sie die Stiele nicht zu eng umwickeln, denn sie könnten dadurch zerdrückt werden und sind nicht mehr in der Lage, genug Feuchtigkeit aufzunehmen. Für Arrangements zu besonderen Gelegenheiten, wie etwa als Brautkranz, sollten Sie die Sträußchen vor dem Binden so lange wie möglich im Wasser lassen.*

Das Binden von Kränzen und Girlanden

Kränze und Girlanden zählen zu den dekorativsten Gestaltungsmöglichkeiten mit Naturmaterialien – von Sträußchen aus frischen oder getrockneten Blumen bis zu Bündeln aus Gemüse und Obst, von goldbesprühten Flaschenkürbissen bis hin zu Zimtstangen. Meistens ist das „Gerüst" eines Kranzes oder einer Girlande so attraktiv, daß es ruhig an einigen Stellen hervorblitzen darf: zum Beispiel, wenn ein bastumwickelter Ring bereits Teil des Arrangements ist oder ein Kranz aus Weinranken nur teilweise durch Dekorationsmaterial verdeckt wird. In anderen Fällen muß die Grundform jedoch komplett versteckt werden, insbesondere, wenn es sich dabei um Ringe aus Schaumstoff oder Steckmoos handelt. Eine dünne Schicht aus getrocknetem Heu oder Moos wäre dabei eine natürliche Möglichkeit der „Tarnung". Die Fotografien zeigen Ihnen zunächst die grundlegenden Wickeltechniken für Kränze.

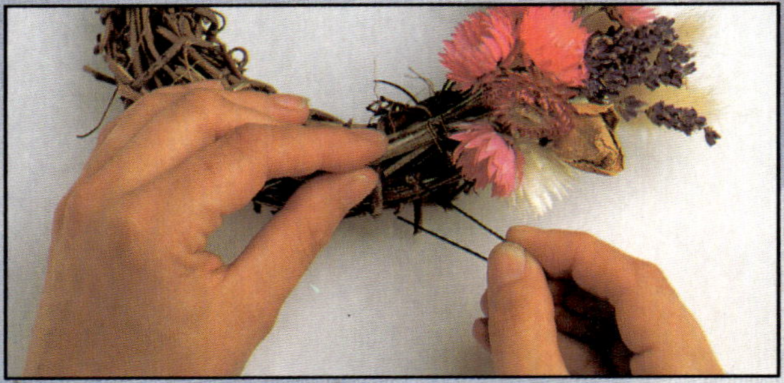

1 *Diese Kranzform aus zusammengedrehten Weinranken ist fast überall erhältlich. Entweder Sie überdecken sie komplett, oder Sie lassen sie an ein paar Stellen herausschauen. Wenn Sie das „Gerüst" mit kleinen Büscheln getrockneter oder frischer Blumen dekorieren wollen, schneiden Sie mitteldicken Blumendraht in kleine Stücke und biegen Sie diese zu haarnadelförmigen Haken. Drücken Sie die Stiele der Blüten fest an und schieben Sie die Haken über die Büschel in den Kranz hinein. Die Drahtenden werden anschließend umgebogen, damit das Ganze Halt bekommt.*

2 *Einen Schaumstoffring kann man mit getrocknetem Heu, Grasbüscheln oder Moos bedecken und ihn so in ein dekoratives Schaustück verwandeln. Drücken Sie dazu kleine Heu- oder Moosbüschel von oben und von den Seiten gegen die Ringform und befestigen Sie sie mit den Drahtnadeln wie unter Punkt 1 beschrieben.*

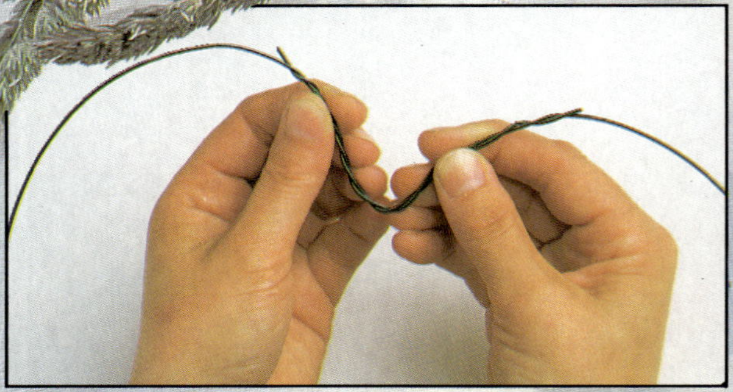

3 *Herzförmige Kränze aus Kräutern und Blumen sind ein romantischer Wand- oder Tischschmuck. Sie können die Grundform aus zwei ineinandergedrehten dicken Drähten leicht selbst herstellen, indem Sie diese zunächst in eine Kreis- und anschließend in die gewünschte Herzform biegen. Wenn Sie das Herz aus Blüten und Blättern binden wollen, beispielsweise für eine Hochzeitsdekoration, umwickeln Sie den Draht mit Guttapercha- oder Satinband. Wollen Sie jedoch verdrahtete Koniferenzapfen oder Trockenblumen anbringen, können Sie das Drahtherz zuvor mit Moos oder getrocknetem Heu ummanteln.*

4 *Ein doppelter Drahtring, der in verschiedenen Formen erhältlich ist, kann mit frischen oder getrockneten Blumen, mit Fundstücken von Waldspaziergängen, wie Zapfen, Samen und Federn, oder mit Gemüse dekoriert werden.*
Wenn man den Ring vorher mit Heu oder Moos umhüllt, verdeckt man nicht nur den Draht, sondern gibt dem Objekt mehr Substanz. Wickeln Sie Moos oder Heu mit Hilfe einer Schnur fest um den Draht und fixieren Sie das Ganze mit einem Knoten.

5 *Als „Kern" für eine Girlande bietet sich ein Seil oder eine Kordel an. Für mehr Volumen und ein natürlicheres Aussehen umwickeln Sie Seil oder Kordel ebenfalls mit Moos oder Heu. Zu diesem Zweck binden Sie an einem Ende des Seiles eine Schnur fest, hüllen kleine Mengen des Deckmaterials um das Seil und fixieren es mit der Schnur.*
Wenn Sie ein farblich passendes Seil gewählt haben, kann es jedoch äußerst reizvoll sein, an einigen Stellen etwas davon hervorblitzen zu lassen.

6 *Sie können eine Kranz- oder Girlandengrundform auch aus langen Grashalmen anfertigen. Schneiden Sie die Gräser ab, wenn sie feucht sind, und entfernen Sie die allermeisten Rispen (ein paar übriggebliebene wirken jedoch dekorativ). Nehmen Sie die Halme in Bündeln zu etwa zehn Stück zusammen und umwickeln Sie sie mit einer Schnur. Nach Bedarf können Sie auch mehr Halme dazulegen.*

7 *Um die Halme in eine Kreisform zu bringen, binden Sie die beiden Enden fest zusammen und verknoten diese. Dann erst biegen Sie die Halme vorsichtig und ohne sie abzubrechen zu einem Kreis.*

Das Vorbereiten von Gefäßen

Die richtige Vorbereitung der Gefäße, in denen Sie Ihr Arrangement aufstellen wollen – sei es ein Korb, ein Becher, eine Tasse oder ein Kerzenleuchter –, spielt eine wichtige Rolle bei der späteren Gestaltung. Wenn Sie beispielsweise einen tiefen Behälter mit einer relativ schmalen Öffnung verwenden, werden die Stiele darin mehr aufrecht stehen. Bei einem Gefäß mit einem weiteren Hals können sie dagegen fächerförmig auseinanderfallen oder sogar darüberhängen.
Am besten läßt sich der Winkel, in dem Stiele und Halme in einem Gefäß stehen sollen, durch den Einsatz von Steckmoos oder Haltern jeglicher Art kontrollieren.

1 *Um Steckmoos in einem Gefäß zu fixieren, verwenden Sie einen speziellen Plastikknopf mit vier Dornen, der mit Floristenknetmasse befestigt wird. Dazu muß das Gefäß unbedingt trocken sein!*

2 *Häufig plaziert man den Halter und den Schaumstoffblock nicht exakt in der Mitte des Gefäßes. Das wirkt besonders dekorativ, wenn man Pflanzen in einer niedrigen, großen Schale arrangieren will, so daß Teile des Gefäßes sichtbar bleiben. Kleben Sie den Halter am Boden fest und stecken Sie den Schaumblock darauf.*

3 *Mit Steckmoos können Sie Pflanzen in ungleichmäßig geformten Gefäßen, wie etwa in großen Muscheln, arrangieren. Schneiden Sie den Block mit einem ungezackten Messer zunächst grob in die gewünschte Form und bearbeiten Sie ihn anschließend für eine bessere Paßform. Danach können Sie den Block mit einem Plastikhalter fixieren.*

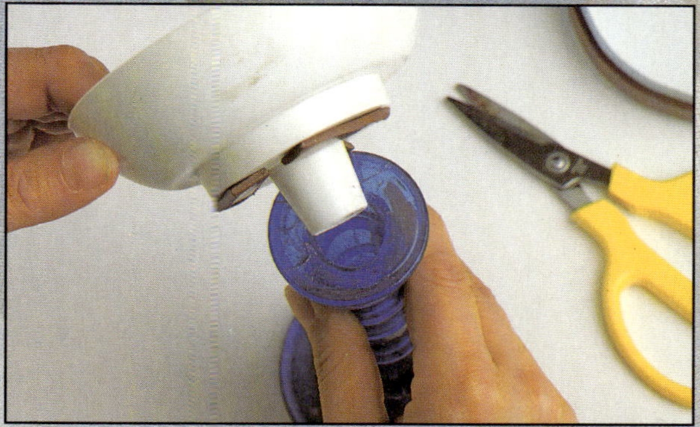

4 *Hohe Gegenstände wie Kerzenleuchter, Karaffen, Weinflaschen und ähnliches liefern eine gute Basis für äußerst dekorative Tischgestecke. Für anmutig fließende Linien, die bei einem derartigen Arrangement sehr schön aussehen, verwenden Sie einen zylinderförmigen Block Steckmasse oder -schaum, damit einige Halme waagrecht und andere über den Rand hängen können.*
Benutzen Sie eine speziell für solche Zwecke geeignete Kerzenschale mit einem kleinen „Stöpsel", der in den Kerzenleuchter hineinpaßt, oder aber eine ganz normale Pflanzschale aus Plastik. Schneiden Sie einige Streifen Floristenklebeband zurecht und kleben Sie sie an die Unterseite der Schalen, damit Sie nicht verrutschen können. Danach können Sie das Steckmoos in den Plastikschalen befestigen.

5 *Zerknüllter Kaninchendraht bildet ein Netzwerk von übereinandergelegten Drähten mit kleinen Löchern. Damit lassen sich Stiele und Halme in Krügen, hohen Tassen, Eimern und Vasen sowie in Behältern mit weiten Öffnungen (Einkaufs- oder Brotkörbe etc.) fixieren.*
Beim Arrangieren frischer Blumen müssen Sie stets darauf achten, daß die Stiele alle im Wasser stehen. Bei getrocknetem Material darf das Drahtnetz ruhig über den Gefäßrand hinausragen, so daß die Stiele auch waagrecht und herunterhängend angeordnet werden können.
Schneiden Sie ein Stück Kaninchendraht ab – mit dem plastikummantelten läßt sich leichter arbeiten – und knüllen Sie es mit beiden Händen zu einer Kugel. Drücken Sie dieses durch die Öffnung des Gefäßes. Achten Sie darauf, daß etwa 2,5–5 cm der Drahtkugel noch über den Rand schauen – je nachdem welche Art von Gesteck Ihnen vorschwebt.

6 *Zwicken Sie spitzige, überstehende Drahtenden ab. Danach führen Sie Streifen von Floristenklebeband um einzelne Drahtmaschen und drücken sie am Rand des Gefäßes fest, damit das Ganze Halt bekommt.*
Beim Arrangieren der Pflanzen müssen Sie natürlich darauf achten, daß die untersten Blätter das Klebeband auch gut verdecken.

Das Binden einer Schleife

Üppige, duftige Schleifen aus Bändern geben vielen Dekorationen den letzten Schliff, seien es Kränze, Girlanden, florale Arrangements oder Geschenkpäckchen. Sie können die Farbe der Bänder passend zu den übrigen Zutaten aussuchen oder einen attraktiven Blickfang schaffen, indem Sie eine Kontrastfarbe wählen. Sie können einfache Schleifen mit zwei Schlaufen herstellen oder mit derselben Technik Farbe und Effekt verdoppeln, indem Sie zwei verschiedenfarbige Bänder zusammen verwenden. Mit der weiterentwickelten Technik werden Ihnen aber auch Schleifen mit vier oder mehr Schlaufen gelingen, wie aus unseren folgenden Abbildungen ersichtlich ist.

1 *Papierband ist oft sehr eng zusammengerollt. Ziehen Sie das Band deshalb vorsichtig an beiden Seiten auseinander, damit Sie den Anfang finden. Für eine normale Schleife bilden Sie mit dem Band eine Acht, die Sie in der Mitte zusammenraffen.*

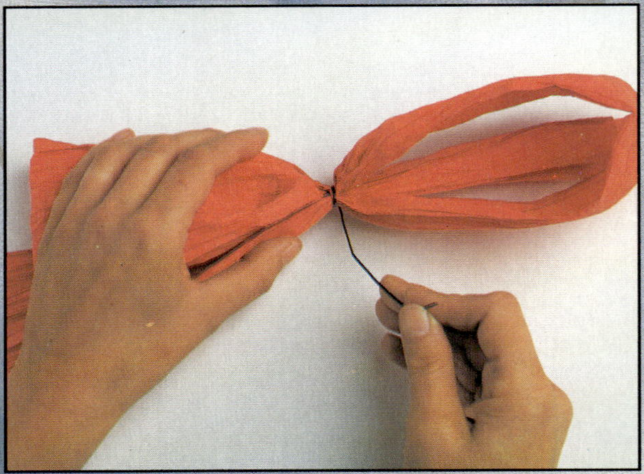

2 *Drücken Sie das Band in der Mitte zusammen und wickeln Sie Draht darum. Schneiden Sie die Enden des Bandes schräg ab und breiten Sie die Schlaufen auseinander, damit man den Draht nicht mehr sieht.*

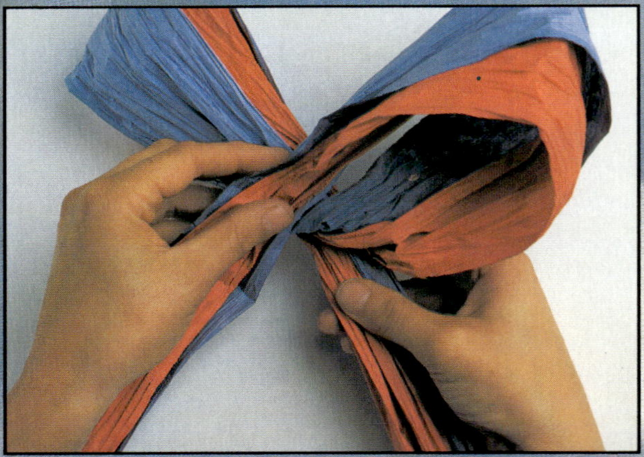

3 *Für eine zweifarbige normale Schleife legen Sie zwei verschiedenfarbige Bänder übereinander und verdrahten sie wie oben beschrieben.*

4 *Die Bänderenden schneidet man schräg ab. Besteht die Schleife aus zwei verschiedenfarbigen Bändern, wirkt es sehr dekorativ, wenn man das obenliegende Band etwas kürzer abschneidet als das untere.*

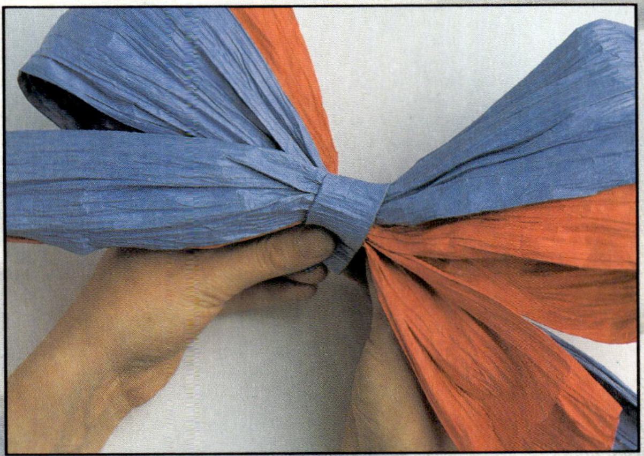

5 *Für einen falschen Knoten an einer Schleife schneiden Sie ein kleines Stück Band ab und falten es zu einem schmalen Streifen, wobei sich dessen Größe nach der Größe der Schleife richten muß. Legen Sie den Streifen um die Mitte der Schleife und kleben oder heften Sie die Enden auf der Rückseite zusammen.*

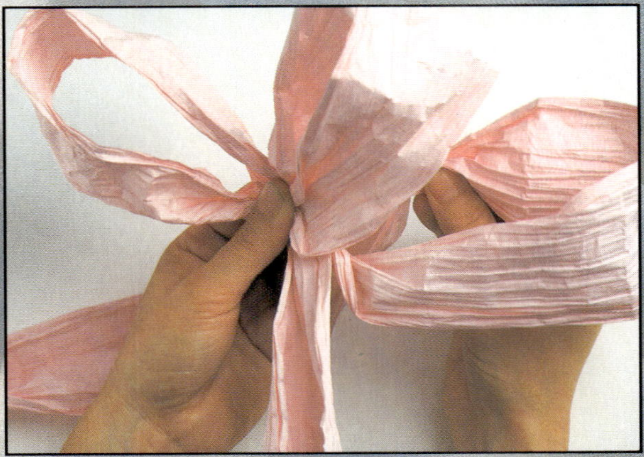

6 *Für eine doppelte Schleife bilden Sie mit den ersten beiden Schlaufen auch hier wieder eine Acht. Halten Sie diese in der Mitte gut fest, formen Sie aus dem langen Ende des Bandes eine weitere Schlaufe und halten Sie auch diese fest.*

7 *Formen Sie noch eine vierte Schlaufe aus dem langen Ende des Bandes und halten Sie sie fest. Sie können auf diese Weise so viele Schlaufen bilden, wie Sie möchten. Anschließend umwickeln Sie die Mitte der Schleife mit Draht und ziehen die Schlaufen auseinander.*

Aus dem Wald

Ein Spaziergang durch den Wald kann Sie mit Ästen und Zweigen, Nüssen und Zapfen, Moos und Blättern, Samenkapseln und Federn – mit einem wahren Schatz an Dekorationsmaterial für dauerhafte Arrangements belohnen.

Aus dem Wald

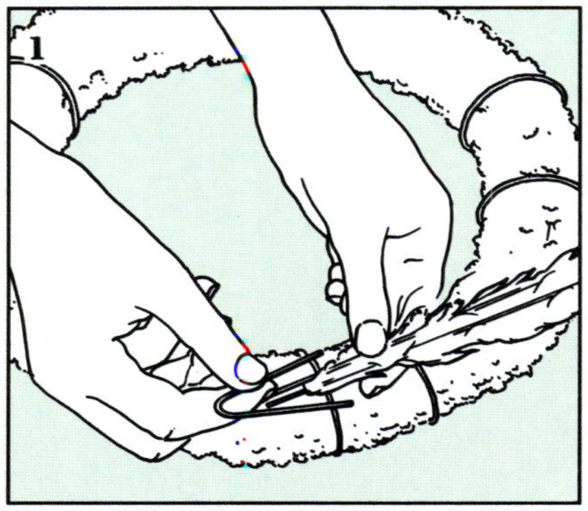

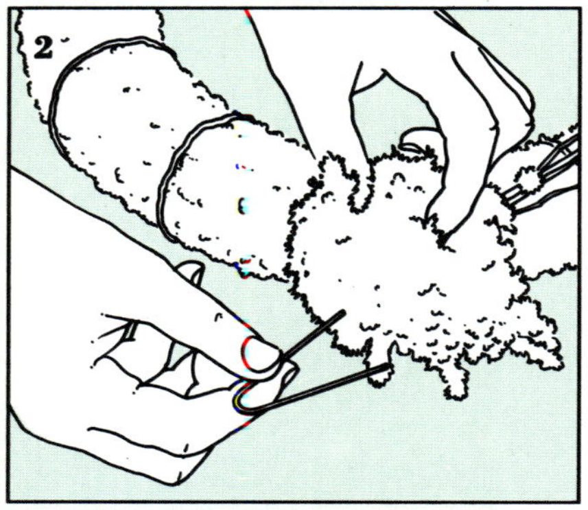

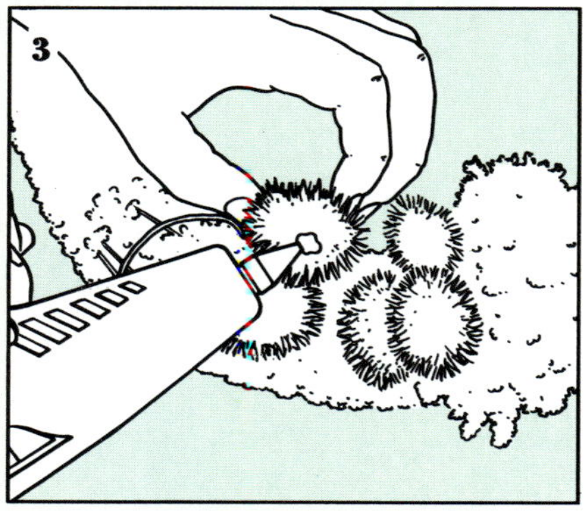

Sie brauchen:
eine Auswahl an Trockenmaterial, wie etwa Zweige, Federn, Zapfen, Pilze, Roßkastanien und deren Samenkapseln, Blätter, Flechten und Moos,
einen Basisring mit ca. 25 cm Durchmesser,
eine Floristenschere,
mitteldicken Blumendraht,
Heiß- oder Sekundenkleber,
eine Drahtzange,
Silberdraht.

1 *Biegen Sie Blumendraht-Stücke zu U-förmigen Haken. Befestigen Sie damit schräg kleine Pflanzenbüschel.*

2 *Mit den Haken können Sie in einigen Abständen auch Flechten und Moos am Kranz feststecken.*

3 *Kleben Sie Eßkastanien-Kapseln traubenförmig zusammen, um dem Kranz Fülle zu verleihen.*

▶ *Vergessen Sie bei Waldspaziergängen nicht, einen Korb mitzunehmen, in den Sie gesammelte Samenkapseln, Zapfen, Blätter, Zweige, Moos und Federn legen können. Aus diesen Materialien lassen sich, wie man auf dem Foto sehr gut erkennen kann, dekorative Kränze herstellen (siehe auch die Vergrößerung auf Seite 21).*

▲ *Bienenwachs- oder Duftkerzen machen sich besonders gut in Kerzenhaltern aus zusammengeklebten Kiefernzapfen.*

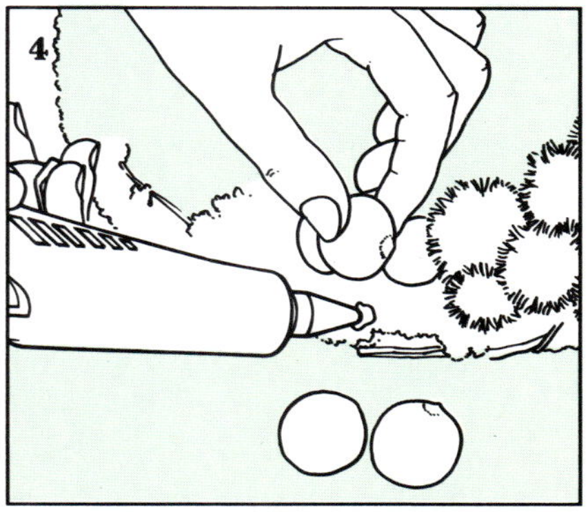

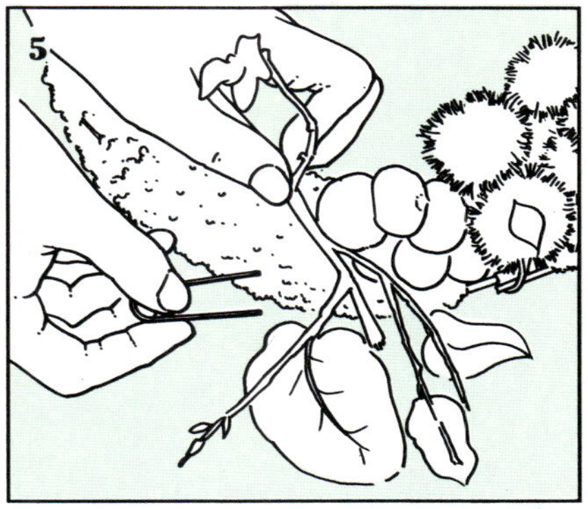

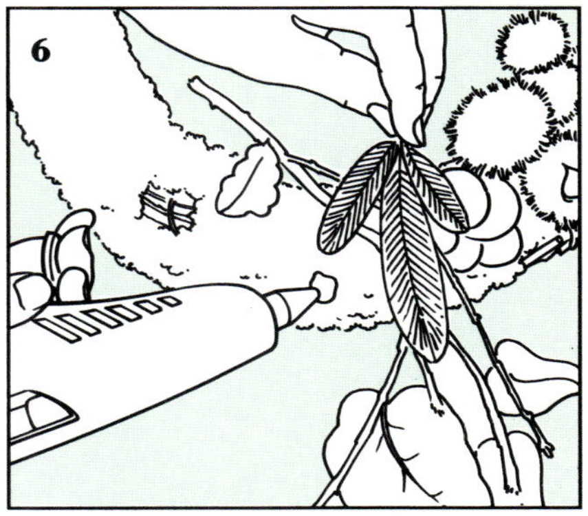

4 Kleben Sie Kastanien zu Bündeln zusammen. Drücken Sie jede eine paar Sekunden fest, damit der Leim hält.

5 Kleine Laubbüschel werden mit Drahthaken befestigt.

6 Zum Zusammenbinden der Federn verwendet man Silberdraht. Danach wird das Federbüschel mit Heiß- oder Sekundenkleber am Kranz festgeleimt.

Aus dem Wald

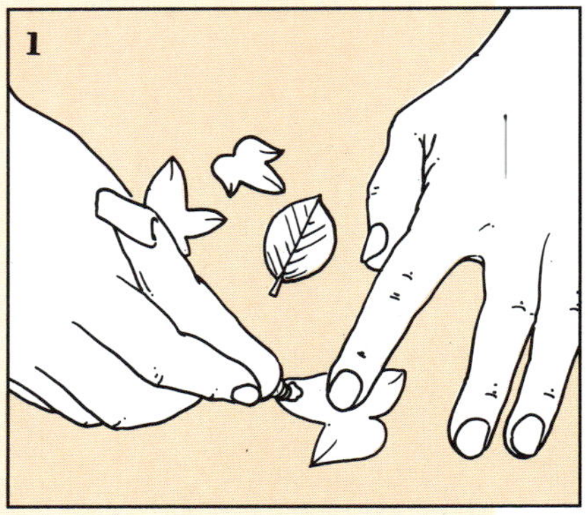

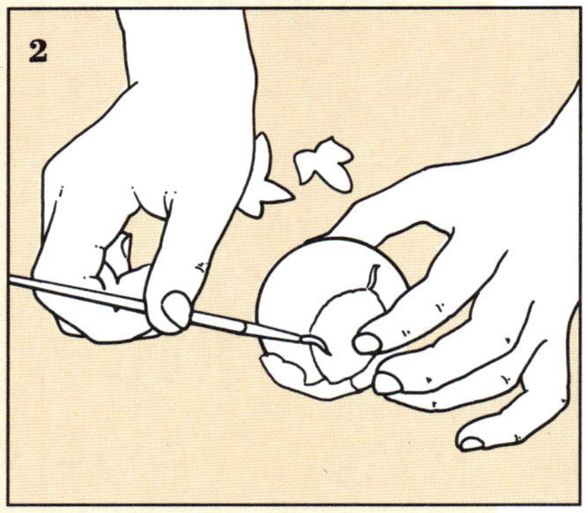

Sie brauchen:
eine Auswahl gepreßter Blätter in verschiedenen Formen, Größen und Farben,
eine Styroporkugel mit 7–10 cm Durchmesser,
transparenten Papierkleber,
einen dünnen Pinsel.

1 *Verteilen Sie den Leim gleichmäßig auf der Rückseite eines jeden Blattes und drükken Sie diese dann fest an die Kugel. Dabei sollten sich die Blätter überlappen, damit die Styroporkugel völlig verdeckt wird.*

2 *Zum Entfernen von kleinen Styroporbröseln und zum richtigen Positionieren der Blätter kann ein feiner Pinsel sehr hilfreich sein.*

▲ Kleine Geschenke erhalten Individualität, wenn man Sie mit Lederbändern, Bast oder Schnur umwickelt und mit einem, zwei oder drei gepreßten Blättern verziert.

◄ Gepreßte Blätter, in verschiedenen Formen und Farben auf eine Styroporkugel geklebt, sind eine nicht alltägliche Dekoration.

Aus dem Wald

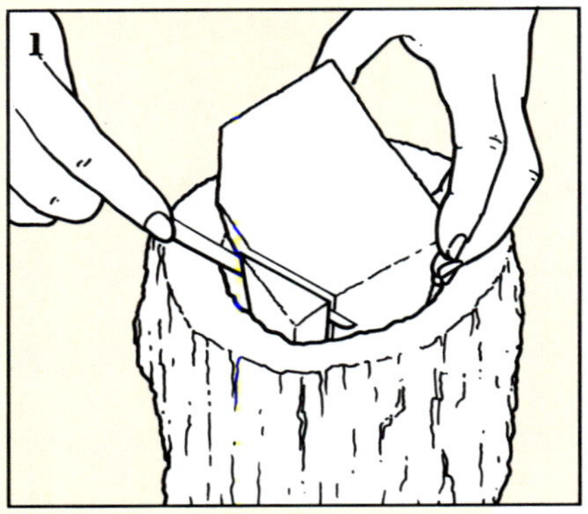

1 *Schneiden Sie das Steckmoos sorgfältig zu. Lassen Sie es sich mit Wasser vollsaugen.*

2 *Arrangieren Sie die Blätter so, daß das Steckmoos verdeckt wird.*

3 *Schneiden Sie die Strelitzien schräg an, damit sie viel Wasser aufnehmen können. Verteilen Sie die Stiele gleichmäßig im Gefäß. Arrangieren Sie die Mohnblumen dazwischen.*

Sie brauchen:
Strelitzien,
große Mohnblumen,
Blätter von Pfingstrosen
oder andere große Blätter,
eine Floristenschere,
einen hohlen Baumstamm,
ca. 30 cm hoch,
naß zu verwendendes
Steckmoos,
ein Messer.

▲ *Eine Handvoll zarter Frühlingsblumen, darunter Primeln und Blausterne, kontrastieren wirkungsvoll mit dem Gefäß, einer kokosnußähnlichen Samenkapsel, die man manchmal beim Floristen bekommt. In der Samenkapsel befindet sich auch ein kleiner wasserdichter Behälter.*

◀ *Zwischen natürlichen Gefäßen – vom rissigen, morschen Baumstamm bis hin zu glatten Samenkapseln – und Blumen jeder Art herrscht eine besondere Anziehung. Dieses Arrangement besteht zum Beispiel aus extravaganten Strelitzien und Mohnblumen in einem hohlen Baumstamm. Falls Sie keinen Baumstamm zur Verfügung haben, befestigen Sie einfach große Rindenstücke an ein beliebiges Gefäß. Rinde kann man in manchen Blumengeschäften kaufen.*

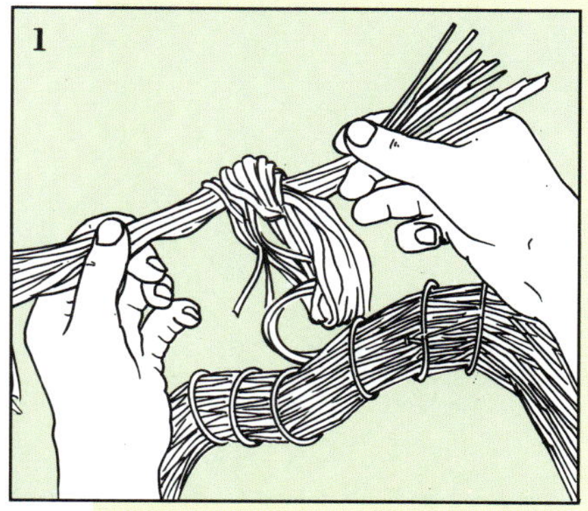

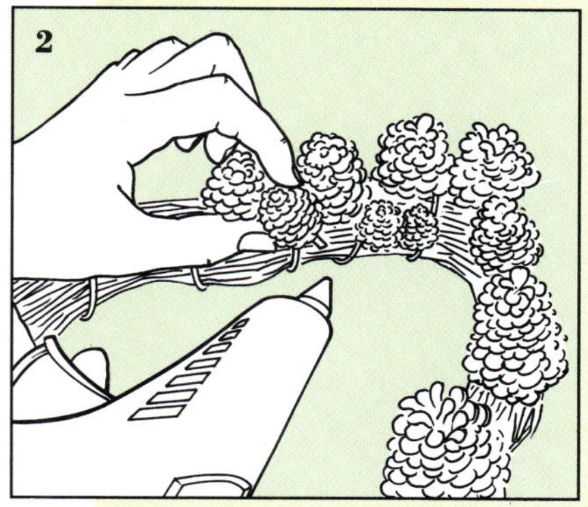

Sie brauchen:
Kiefern- und Lärchenzapfen,
einen herzförmigen Kranz aus Zweigen mit ca. 25 cm Durchmesser,
Bast,
eine Schere,
Heiß- oder transparenten Sekundenkleber.

▲ *Die herzförmigen Hälften exotischer Samenkapseln, die es in manchen Blumen- und Bastelläden zu kaufen gibt, geben hübsche Gefäße für Blumenpotpourries oder getrocknete Gewürze ab.*

◀ *Aus Koniferenzapfen verschiedener Größe und Farbe kann man einen effektvollen Kranz mit dem Aussehen einer kunstvollen Holzschnitzerei herstellen.*

1 *Als Aufhänger nehmen Sie ein dickes Bündel Bastbänder, die Sie um eine Schlaufe am Kranz schlingen und mit einem Knoten befestigen.*

2 *Kleben Sie etwa gleich große Kiefernzapfen dicht an dicht außen an den Kranz. Oben beim Aufhänger befestigen Sie einen größeren Zapfen. Auch die Lärchenzapfen, die Sie innen um den Kranz kleben, sollten in etwa alle die gleiche Größe besitzen.*

Aus dem Wald

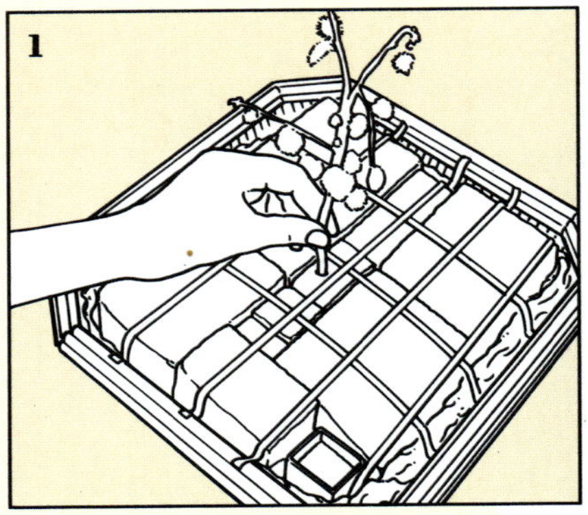

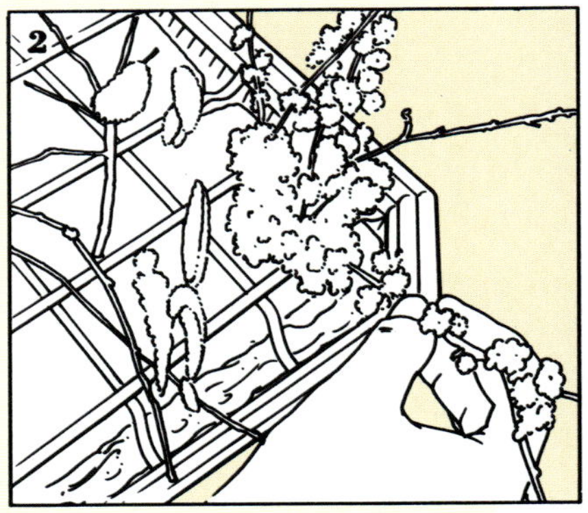

1 Legen Sie den Korb mit Plastikfolie aus. Schneiden Sie Steckmoos für Schnittblumen in passende Blöcke, tränken Sie diese dann mit Wasser und legen Sie sie in den Korb. Lange Klebebandstreifen, die von einem Korbrand zum anderen gespannt werden, geben den Blöcken zusätzlichen Halt. An einer Ecke des Korbes sollte sich ein kleiner Wasserbehälter befinden. Plazieren Sie einige Weidenzweige leicht seitlich im Korb und arrangieren Sie sie so, daß die Zweige in verschiedene Richtungen auseinanderstehen.

2 Kürzere Haselzweige bilden das Gegengewicht zu den höheren Weidenkätzchen. In einer Ecke des Korbes steckt ein blühender Weißdorn, dessen Zweige ebenfalls in verschiedene Richtungen ragen.

◀ Zweige, Blüten und Blätter sind hier in einem mit Steckmoos gefüllten Korb arrangiert. Bitte pflücken Sie keine wildwachsenden Schlüsselblumen oder Blausterne – Sie können Sie ganz einfach im Garten oder in Töpfen am Fensterbrett ziehen!

Sie brauchen:
blühende Weidenzweige,
blühenden Weißdorn und andere Zweige mit Blüten oder Kätzchen,
Blumen wie Blaustern, Traubenhyazinthe, Primeln, Schlüsselblumen,
Narzissen, Efeuranken,
getrocknetes Moos,
einen niedrigen Korb mit ca. 30 cm Durchmesser,
Plastikfolie zum Auslegen,
Steckmoos für Schnittblumen,
ein Messer,
Floristenklebeband,
einen kleinen Wasserbehälter,
spitze Holzstäbchen.

▲ Diese ausgehöhlte Samenkapsel, erhältlich beim Floristen, sieht aus wie ein riesiger Tannenzapfen. Wenn man sie mit Steckmoos für Schnittblumen füllt, gibt sie ein hübsches Gefäß für einen Strauß zarter Blüten ab.

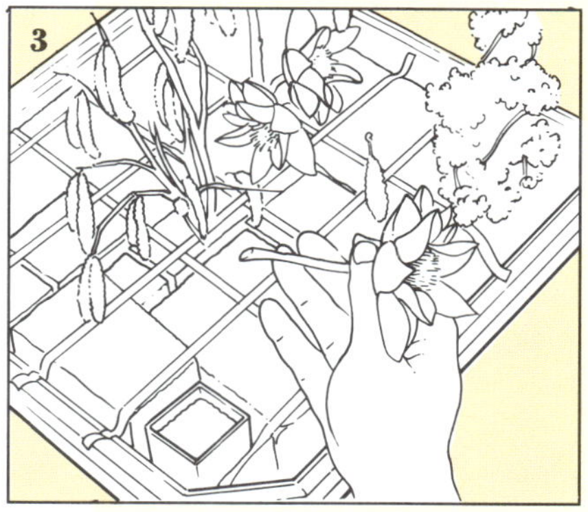

3 *Schneiden Sie die Narzissen so kurz, daß sie den Boden unter den Zweigen wie ein Polster bedecken. Wenn die Narzissenstiele sehr schwach sind, bohren Sie die Löcher im Steckmoos zunächst mit einem spitzen Holzstäbchen vor.*

4 *Arrangieren Sie ein Sträußchen Primeln oder Schlüsselblumen in dem kleinen Wasserbehälter. Bohren Sie ein paar Löcher in das Steckmoos auf der anderen Seite des Korbes und gruppieren Sie weitere Blumen darum. Noch sichtbare Stellen vom Steckmoos werden mit echtem Moos und Efeuranken bedeckt.*

Aus dem Wald

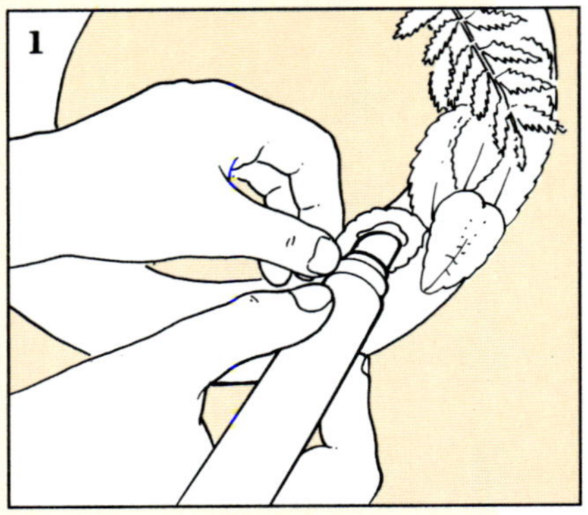

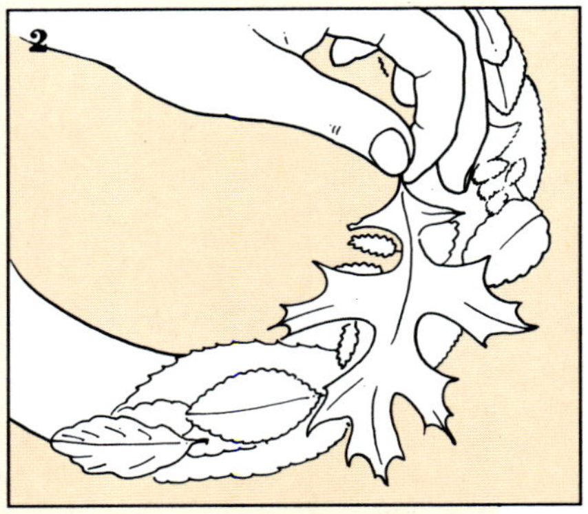

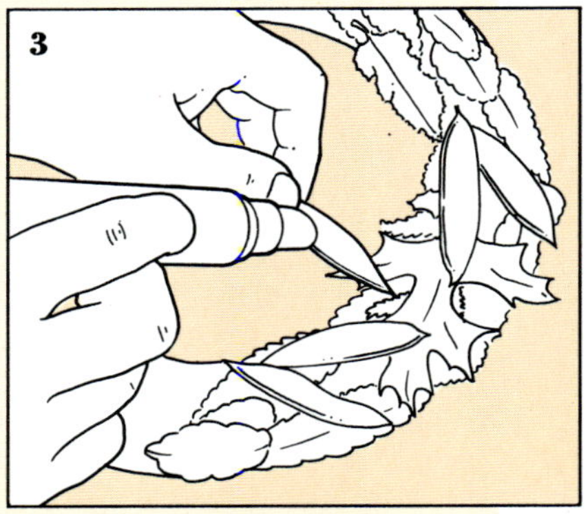

1 Bekleben Sie einen Pappring mit Blättern. Achten Sie darauf, daß die Unterseite jedes Blattes mit Leim bestrichen ist.

2 Auf diese untere Blattschicht werden nun weitere, besonders strukturierte Blätter geklebt.

3 Kleben Sie Samenhüllen (Ahorn etc.) eher zufällig an den Ring. Vermeiden Sie Symmetrie, um dem Ganzen ein natürliches Aussehen zu verleihen.

▲ *Ein außergewöhnlicher Wandschmuck, bestehend aus bunten Fasanenfedern, die auf einen Pappring aufgeleimt wurden.*

◀ *Gepreßte Blätter und getrocknete Samenhüllen auf einem Pappring bieten dem Auge die ganze Palette von Braun- und Grüntönen. Sie können diese Dekoration auch in einem Rahmen oder unter Glas präsentieren.*

Sie brauchen:
eine Auswahl gepreßter Blätter in möglichst verschiedenen Formen und Farben,
getrocknete Samenhüllen, von Ahorn, Platane oder Linde,
einen Pappring von etwa 25 cm Durchmesser,
transparenten Papierkleber.

Wie man Blätter preßt

Sammeln Sie unbeschädigte, trockene Blätter. Entfernen Sie zunächst vorsichtig Staub und Schmutz mit einer Bürste.
Die Blätter dürfen sich nicht berühren, wenn Sie sie auf sauberem sowie saugfähigem Papier anordnen und mit einer zweiten Lage Papier bedecken. Am besten preßt man Blätter unter hohem Druck in einer speziellen Blumenpresse. Sie können sie jedoch auch zwischen die Seiten eines dicken Buches legen und dieses mit weiteren Bücherstapeln beschweren.
Die Blätter sollten ruhig einige Wochen lang gepreßt werden, bis sie trocken und spröde sind. Zur Aufbewahrung legt man Sie zwischen Taschentüchern in Schachteln oder luftdichte Behälter.

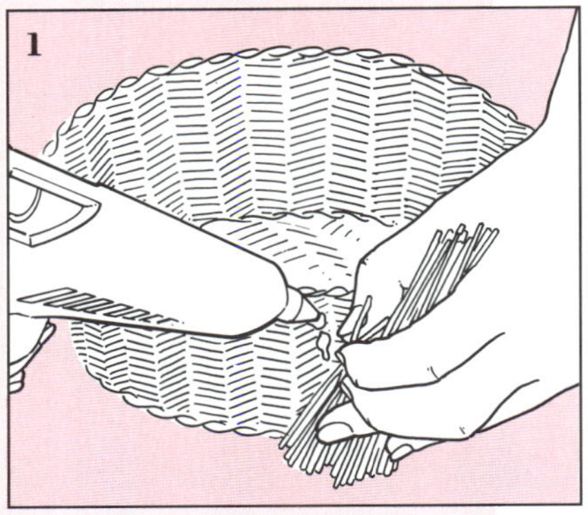

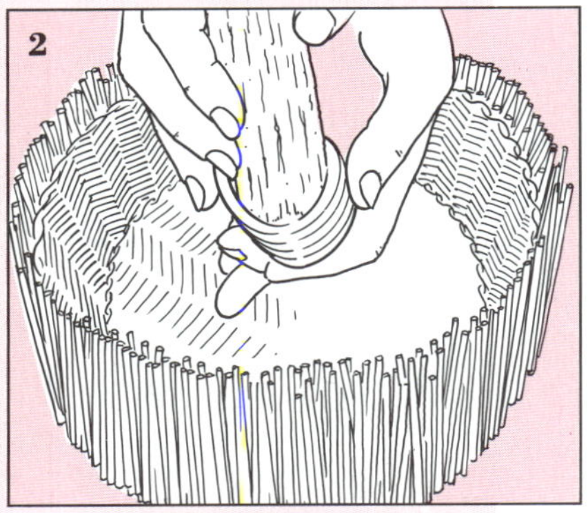

1 *Schneiden Sie kurze Ästchen ab, die höher als das Gefäß sein sollten. Bekleben Sie dann das Gefäß damit.*

2 *Der als Baumstamm dienende dicke Zweig sollte etwa 35 cm hoch sein. Für einen festen Halt am Boden des Gefäßes dürfen Sie nicht mit Floristenknetmasse sparen.*

Sie brauchen:
trockenes Reisig oder andere dünne Zweige,
Rosen,
eine Floristenschere,
eine niedrige runde Schachtel oder einen Korb mit ca. 25 cm Durchmesser,
Heiß- oder transparenten Sekundenkleber,
einen dicken Ast mit ca. 4 cm Durchmesser,
Floristenknetmasse oder Modelliermasse,
Silberdraht,
getrocknetes Moos oder Heu.

▲ Formen Sie aus trockenen, jedoch noch biegsamen Zweigen, wie z. B. von der Clematis, einen Ring und binden Sie ihn mit einem Stück Schnur zusammen. Ziehen Sie eine Serviette durch diesen Ring und stecken Sie noch eine oder zwei Heckenrosenblüten hinein.

◄ Basteln Sie aus getrockneten dünnen Zweigen einen kleinen Baum und lassen Sie Rosen oder Efeu daran „hinaufklettern". Für eine langlebigere Dekoration können Sie auch Trocken- oder Seidenblumen verwenden.

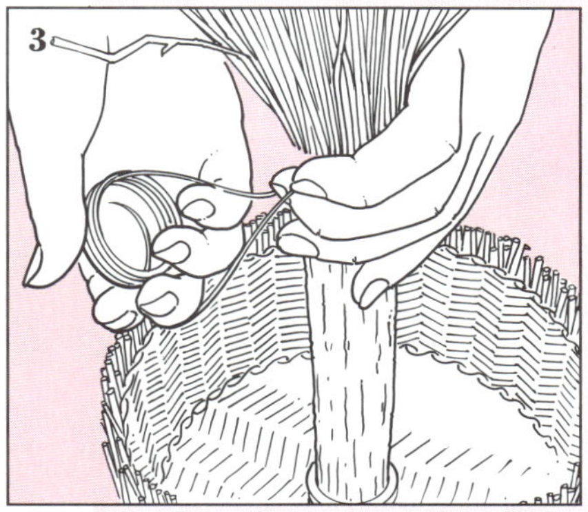

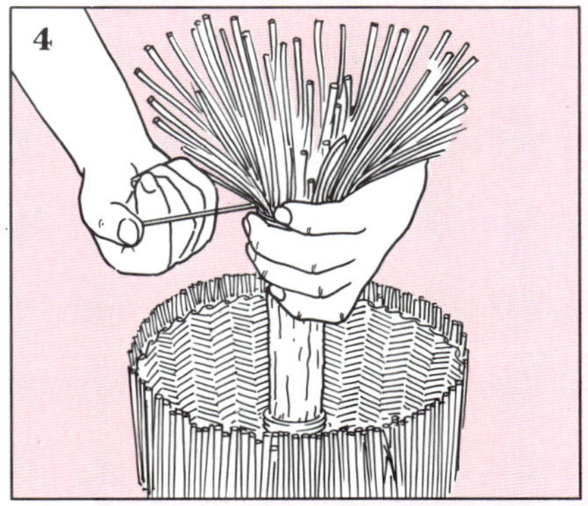

3 *Befestigen Sie den Silberdraht so nah an der Spitze des „Baumstammes" wie möglich. Schneiden Sie trockene Zweige auf gleiche Länge (ca. 15 cm) und binden Sie diese mit Hilfe des Drahtes um den Stamm, so daß sie oben fächerförmig auseinanderstehen.*

4 *Binden Sie weitere Lagen Äste um den Stamm, so daß der Draht der jeweils vorhergehenden Lage verdeckt wird. Sichern Sie den Draht unterhalb des Behälterrandes und zwicken Sie ihn ab. Danach plazieren Sie etwas Moos oder Heu so, daß die Basis des Baumstammes und damit auch der Draht verdeckt wird. Zum Schluß stecken Sie je nach Lust und Laune ein paar Rosen an den Baum.*

Vom Wegesrand

Suchen Sie in Feldern, Wiesen, Hecken und an den Wegrändern nach Wildblumen, hohlen Baumstämmen, ineinander verschlungenen Efeuranken und wildwachsendem Getreide. Mit ihnen lassen sich vielerlei Arrangements anordnen, vom kindlich-naiven Blumensträußchen bis hin zum farbenfrohen Kranz für die Hauswand.

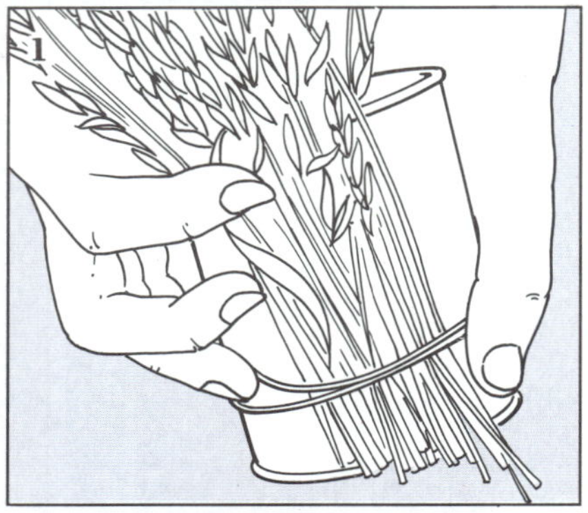

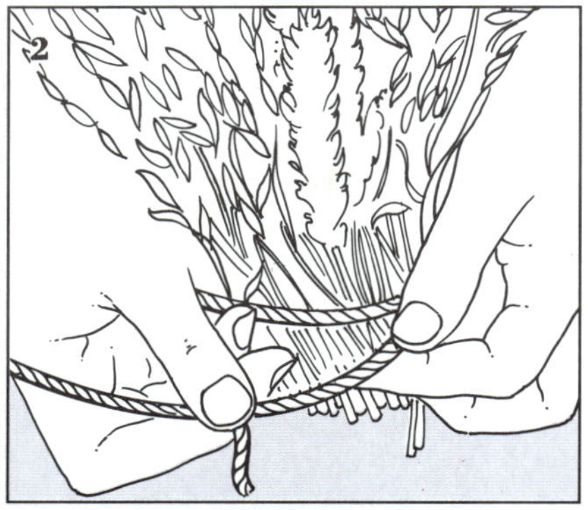

1 *Schneiden Sie den Hafer gleichmäßig ab, so daß die Spitzen noch über das Gefäß reichen. Arrangieren Sie die Stiele rund um das Gefäß und halten Sie sie zunächst einmal mit einem Gummiband in der richtigen Position.*

2 *Wenn das Gefäß ringsum von Hafer verdeckt ist, binden Sie eine Schnur darum und entfernen Sie das Gummiband vorsichtig.*

Sie brauchen:
Klatschmohn,
Kornblumen und
Rittersporn,
wilden Hafer,
eine Floristenschere,
eine saubere Blechdose,
Steckmoos für Schnittblumen, zerbröckelt und mit Wasser vollgesogen,
Gummiband,
Schnur.

▼ *Bringen Sie auch an trüben Tagen den Glanz der Sommersonne in Ihr Haus! Hier ein fröhliches Arrangement mit Ringel- und Kornblumen in einem von wildem Hafer umhüllten Gefäß.*

▶ *Arrangieren Sie Klatschmohn und Kornblumen in ihrer natürlichen Umgebung – in einem Bündel Hafer, hinter dem sich ein wasserdichtes Gefäß verbirgt. Damit Klatschmohn haltbar wird, braucht er eine Sonderbehandlung: Stellen Sie die Stengel sofort nach dem Schneiden ins Wasser. Sengen Sie die Stielenden mit einer Kerze an.*

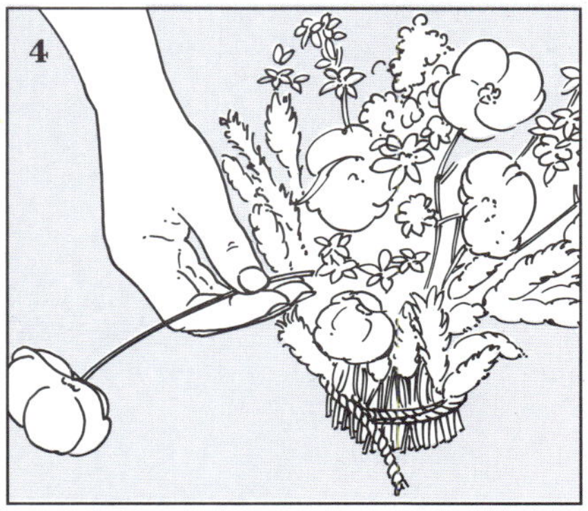

3 *Füllen Sie das Gefäß mit dem zerbröckelten Steckmoos. Beginnen Sie beim Arrangieren mit den längsten Ritterspornstengeln, um eine Fächerform zu erzielen.*

4 *Arrangieren Sie danach den Klatschmohn und zum Schluß die kürzeren Kornblumen. Die Mohn-Stiele sollten direkt vor dem Stecken angesengt werden.*

1
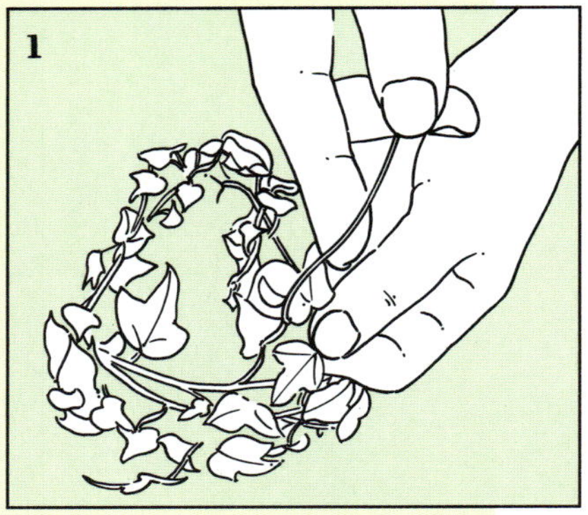

2

Sie brauchen:
Efeuranken mit möglichst kleinen Blättern, eine Floristenschere, Silberdraht.

1 *Drehen Sie zwei oder drei Efeuranken umeinander und formen daraus einen Ring, den Sie mit Silberdraht fixieren.*

2 *Falten Sie die Serviette und ziehen Sie sie vorsichtig durch den Ring. Achten Sie darauf, daß man den Silberdraht nicht sieht.*

▲ *Am dekorativsten wirken die Efeugefäße mit kurzen, dicken Kerzen. Hier wurden süßduftende Exemplare in Form von Bienenkörben verwendet.*

◄ *Feines weißes Leinen und dunkelgrüner Efeu verbinden sich hier zu einer ausgefallenen Tischdekoration für Weihnachten oder ein Festessen unter Freunden.*

◄ *Knoten Sie drei lange, schwertförmige Irisblätter um eine fächerförmig gefaltete Leinenserviette. Eine gelbe Irisblüte macht diese stilvolle Tischdekoration perfekt.*

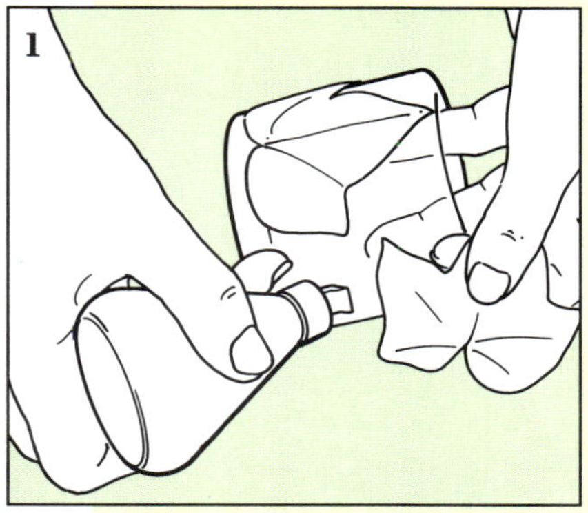

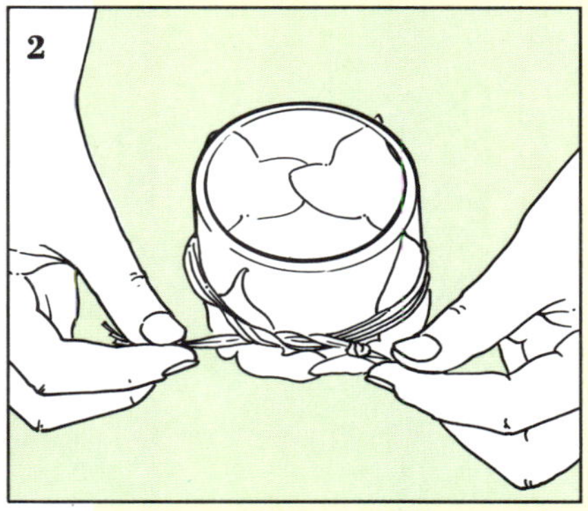

Sie brauchen:
niedrigen Gläser mit geraden Wänden,
große Efeublätter,
transparenten Papierkleber,
Bast.

1 *Suchen Sie drei oder vier möglichst gleich große Efeublätter aus, die um das Glas herumpassen. Bestreichen Sie jedes Blatt sparsam mit Leim und drücken Sie es an die Becherwand.*

2 *Wickeln Sie mehrere gleich lange Bastbänder um das Glas und befestigen Sie sie mit einem Knoten.*

Vom Wegesrand

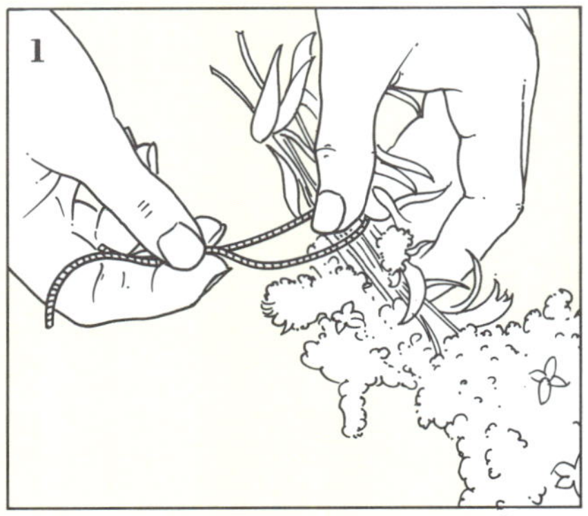

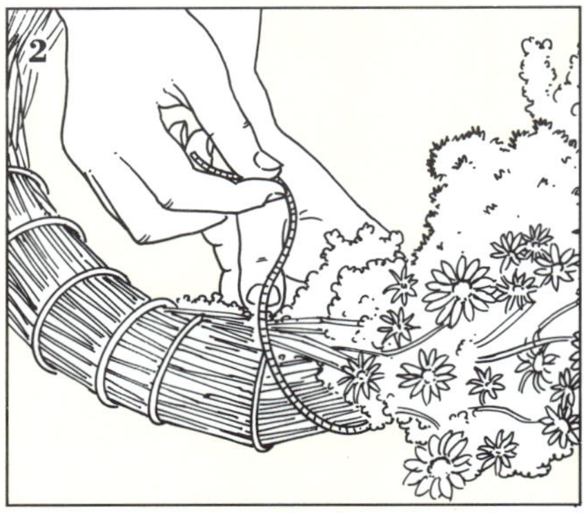

Sie brauchen:
Pflanzen
wie Mädesüß, Große Klette,
Disteln, schmalblättriges
Weidenröschen, Kreuz-
kraut, Sauerampfer, Kamille,
einen Ring aus Weinreben
mit ca. 30 cm Durchmesser,
eine Floristenschere,
grünen Faden oder Schnur.

1 *Schneiden Sie alle Pflanzen auf gleiche Länge ab. Binden Sie von jeder Sorte drei oder vier Stengel zusammen.*

2 *Befestigen Sie das eine Ende der Schnur am Ring und binden Sie die einzelnen Blumenbüschel so dicht zusammen, daß die Stiele von den jeweils nachfolgenden verdeckt werden.*

▶ *Wildblumen oder „Unkraut" sind, zu einem Kranz gebunden, ein bunter Farbtupfer auf einer dunklen Hauswand.*

Wildblumen

Wenn Sie Glück haben, können Sie Blumen in Ihrem eigenen Garten oder in dem eines Bekannten pflücken. Wenn nicht, achten Sie bitte darauf, daß Sie wirklich nur Unkraut vom Wegesrand nehmen und keine geschützten Pflanzen erwischen!
Viele Wildblumen sind zarter und verwelken schneller als ihre kultivierten Formen. Stellen Sie die Stiele deshalb nach dem Schneiden so schnell wie möglich ins Wasser. Binden Sie sie zu Sträußen und lassen Sie sie bis kurz vor dem Arrangieren im Wasser. Es dauert nur wenige Minuten, die Büschel auf den Ring zu binden. Besprühen Sie diesen anschließend regelmäßig mit kaltem Wasser, dann hält er sich länger.

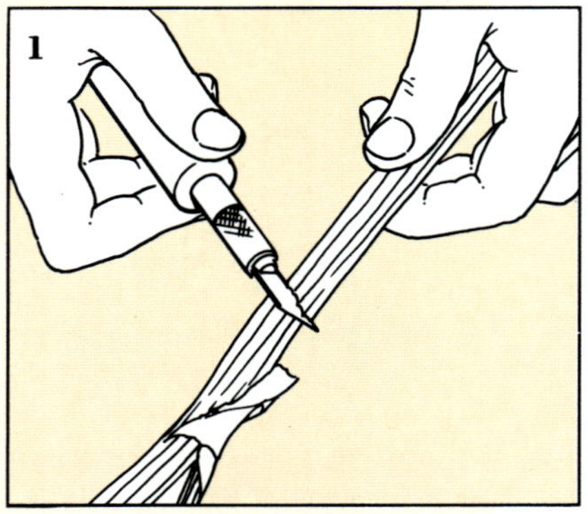

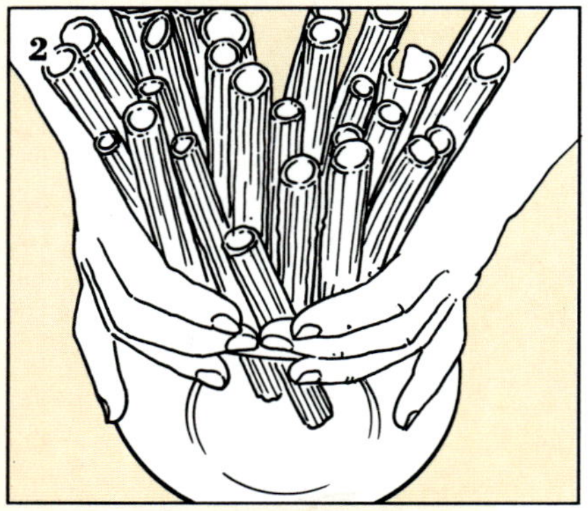

Sie brauchen:
getrocknete hohle Stiele wie z. B. vom Wiesenbärenklau,
ein sehr scharfes Messer,
ein Glasgefäß mit weitem Hals,
eine Auswahl bunter Trockenblumen und gefärbter Ruscusblätter,
eine Floristenschere.

▶ Hohle, getrocknete Pflanzenstiele sind hier gebündelt und mit Trockenblumen bestückt. Das Arrangement wirkt aber mit frischen Blüten und Blättern genauso eindrucksvoll.

1 *Schneiden Sie die hohlen Stiele mit einem sehr scharfen Messer so ab, daß sie noch etwa 5 cm über den Rand des Gefäßes stehen.*

2 *Nehmen Sie die Stiele zusammen, stellen Sie sie leicht gedreht in das Gefäß.*

3 *Arrangieren Sie gefärbte Ruscusblätter und Trockenblumen fächerförmig in den hohlen Stielen.*

▶ *Hier wurden zunächst schmale Orchideen-Phiolen in hohle Stiele gesteckt, damit die frischen Blüten nicht so schnell verwelken. Die leuchtendbunten Blumen bilden einen starken Kontrast zu den matten, braunen Stengeln.*

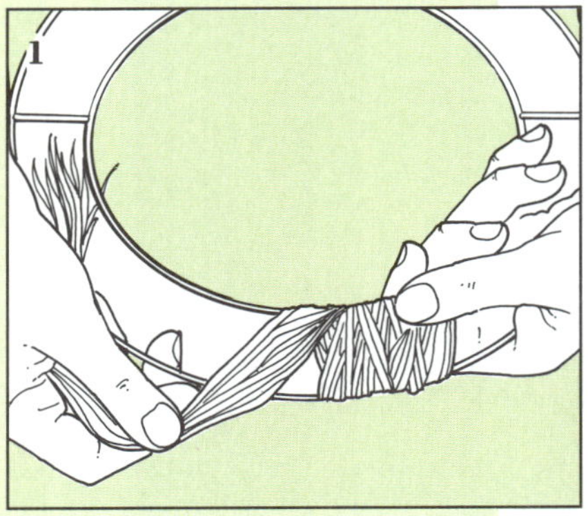

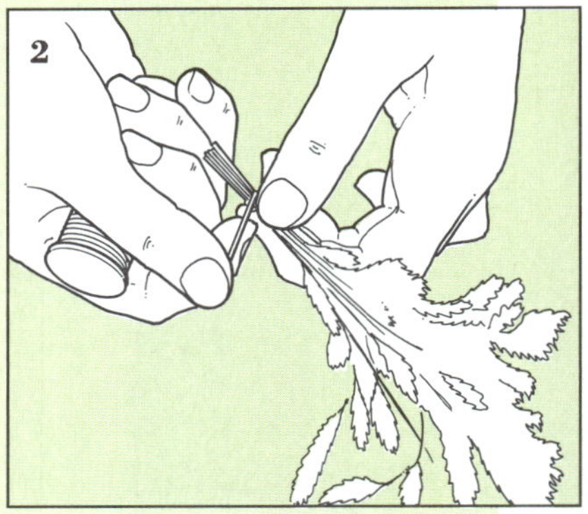

Sie brauchen:
wildwachsende Gräser,
Klatschmohn,
eine Floristenschere,
einen doppelten Drahtring
mit 25 cm Durchmesser,
Bast,
Silberdraht,
Bindedraht.

1 *Binden Sie etwa zehn Bastfäden an einem Ende des Ringes fest und umwickeln Sie den Drahtring damit, bis er völlig verdeckt ist.*

2 *Nehmen Sie die Gräser zu kleinen Bündeln zusammen, schneiden Sie die Stiele auf gleiche Länge ab und binden Sie sie mit Silberdraht zusammen.*

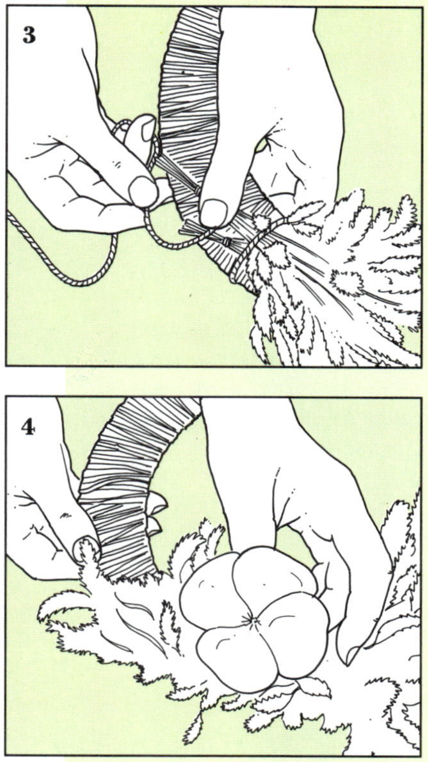

◀ Der Größenunterschied zwischen Leinsamen- und Mohnkapseln macht den Reiz dieses Kranzes aus, dessen Basis aus Grashalmen besteht.

▲ Fassen Sie dekorative Gräser zu kleinen Sträußchen zusammen, binden Sie sie an einen bastumwickelten Ring und fügen Sie als Farbtupfer noch ein paar Mohnblüten hinzu. Die Gräser verfärben sich mit der Zeit übrigens goldgelb. Wie man Mohn lange frisch hält, steht auf Seite 36.

3 Binden Sie die Grasbündel an den bastumwickelten Drahtring, so daß die Stiele vom jeweils darauffolgenden Bündel verdeckt werden. Bringen Sie das letzte Bündel umgekehrt an.

4 Als kurzlebigen Farbklecks können Sie noch Klatschmohn oder andere bunte Blüten zwischen die Gräser stecken.

▶ *Patinierte Kerzenleuchter mit einem Dekor in Form von Weizen wirken noch attraktiver durch einen einfachen Strauß aus echtem Weizen, der auf ähnliche Weise arrangiert wurde. Nehmen Sie die Getreidehalme locker in die Hand, drehen Sie sie zwischen Daumen und Zeigefinger und binden Sie sie direkt unterhalb der Ähren mit Bast zusammen.*

▶ *Diese beiden Arrangements wirken sehr natürlich. Der Weizen scheint aufrecht aus zwei Blumentöpfen emporzuwachsen. Auf diese Weise wurden ein paar außerhalb des Feldes wachsende Stengel in Minutenschnelle zu stilvollem Zimmerschmuck verarbeitet.*

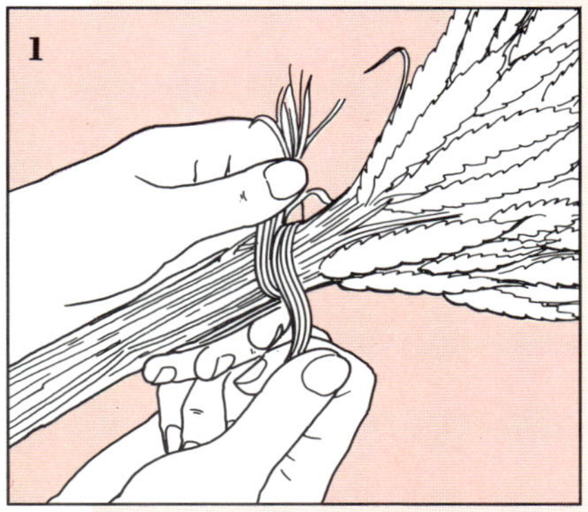

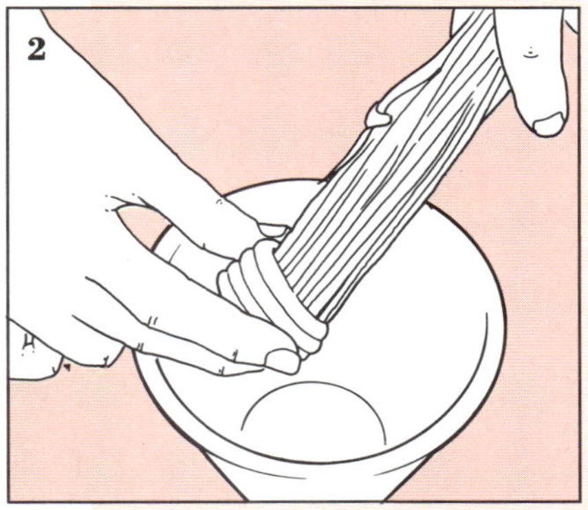

1 Schneiden Sie die Weizenhalme in etwa 45 cm Länge ab. Nehmen Sie einen davon in die Hand und arrangieren Sie die anderen spiralförmig rundherum, wobei die Ähren der folgenden Reihe immer etwas tiefer liegen sollten als die der vorhergehenden. Wenn die Garbe die gewünschte Größe erreicht hat, fixieren Sie sie mit Gummiband, das sie unter Bastbändern verstecken. Binden Sie den Strauß weiter unten noch einmal mit Bast ab und bringen Sie die Stiele auf eine Länge.

2 Wickeln Sie etwas Knetmasse um die Stielenden und drücken Sie sie in der Mitte eines Blumentopfes fest. Sparen Sie nicht mit der Knetmasse! Zum Schluß geben Sie noch etwas Heu oder Moos in den Topf, und fertig ist das Arrangement.

◀ ▲ *Romantische Blumensträuße, kugelförmig oder in Kaskadenform als liegender Tischschmuck, sind ein wunderbares Mitbringsel für Freunde, die in der Stadt leben.*
Stellen Sie Blüten und Blätter sofort nach dem Schneiden und abermals nach dem Arrangieren ins Wasser. Soll der Strauß ein Geschenk sein, wickeln Sie die Stielenden in feuchtes Papier und umhüllen am besten den ganzen Strauß mit einer Plastikfolie oder -tüte.

Strauß in Kaskadenform

Sie brauchen:
eine Auswahl langstieliger Pflanzen wie Efeu, Schafgarbe oder Gräser,
Margariten und Kornblumen,
eine Floristenschere,
Bast.

1 *Arrangieren Sie die langstieligen Blätter und Blüten flach auf einer Arbeitsunterlage, so daß die Köpfe leicht fächerförmig ausgebreitet sind.*

2 *Schneiden Sie die Blumenstiele in sich verkürzenden Längen ab und arrangieren Sie sie über die erste Schicht. Binden Sie die Stiele mit Bast zusammen und bringen Sie sie auf eine Länge.*

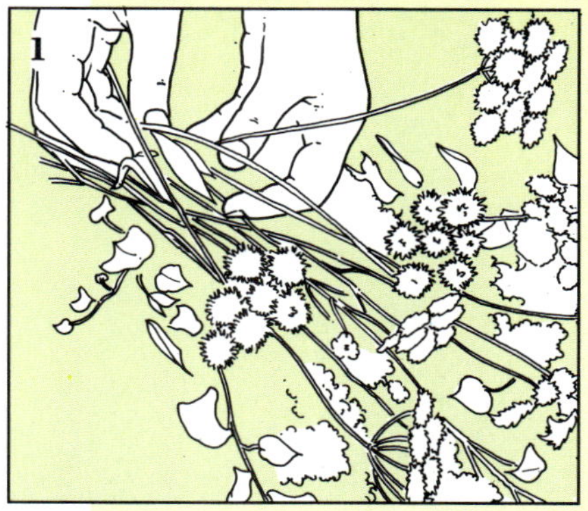

Kugelförmiger Strauß

Sie brauchen:
eine Auswahl bunter Blumen wie Margeriten, Butterblumen, Kornblumen etc.,
Hafer- oder Weizenähren,
einige Butterblumenblätter,
Bast,
eine Floristenschere.

1 *Arrangieren Sie die Blumen in einer Hand. Die Stiele der Blumen in der Mitte sollten dabei am längsten sein. Je weiter außen die Blumen arrangiert werden, desto kürzer dann der Stiel.*

2 *Zum Schluß kommt ein Ring aus Hafer oder Weizen um den Strauß, außerdem einige kurze Butterblumenblätter. Die Stiele werden mit Bast zusammengebunden und auf eine Länge gebracht.*

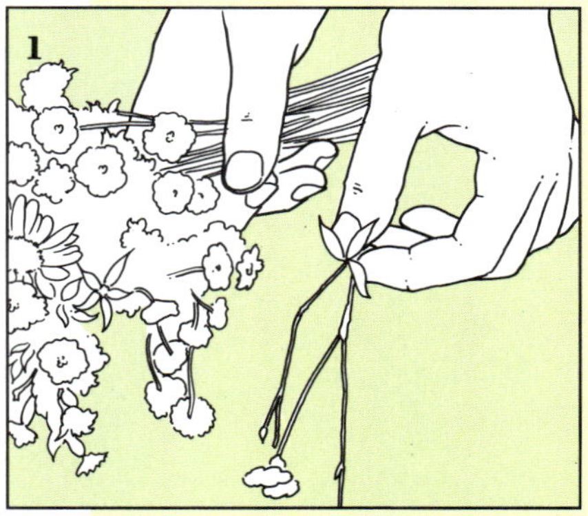

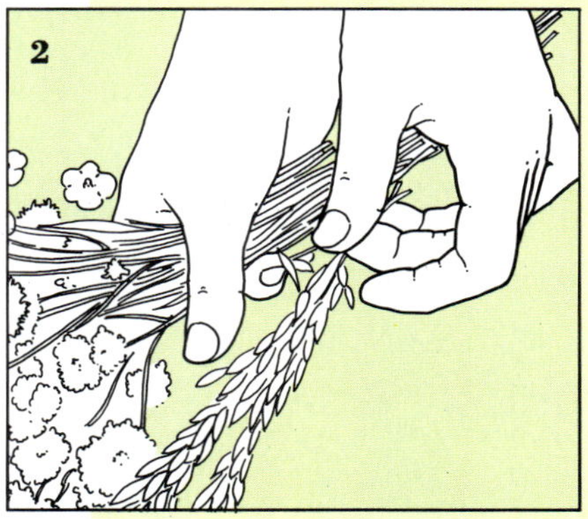

Aus dem Garten

Blumenkohl und Maiskolben aus dem Gemüsebeet, Kräuter von der Fensterbank, verlockend glänzende Erdbeeren und duftige Blüten – fast alles, was in Ihrem Garten wächst, läßt sich zu Haus- und Zimmerschmuck verarbeiten.

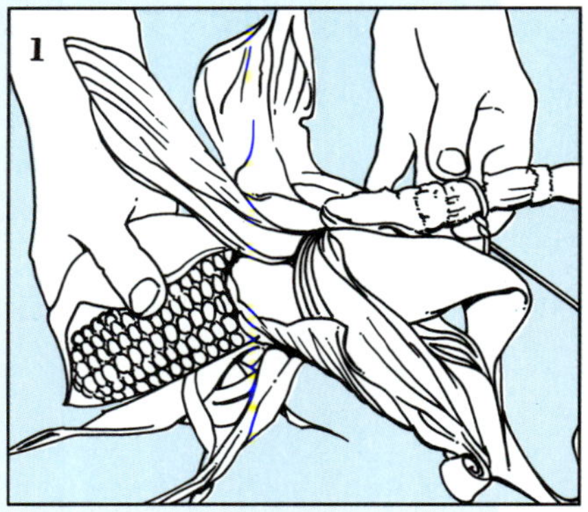

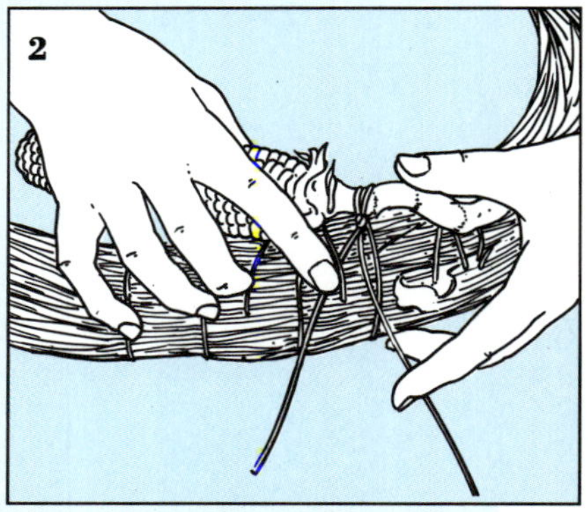

1 *Besprühen Sie Zierkürbisse mit Goldspray. Wickeln Sie Bindedraht um die Stiele und drehen Sie dessen Enden umeinander. Streifen Sie die Maisblätter zurück, damit die bunten Kolben sichtbar werden. Auch an ihnen befestigen Sie Draht. Zusätzlich wickeln sie zwei lange Drahtstücke um die beiden außenliegenden Maiskolben, so daß sie von den Blättern verdeckt werden.*

2 *Die Maiskolben finden besonders gut Halt, wenn man den Draht durch den Basisring schiebt und die Enden auf der Rückseite auseinanderbiegt. Auf gleiche Weise werden dann die Zierkürbisse befestigt. Die kleinen, naturbelassenen Kürbisse kommen auf die gegenüberliegende Seite des Kranzes.*

Sie brauchen:
getrockneten Ziermais,
getrocknete Zierkürbisse,
Goldspray,
kleine getrocknete Zierkürbisse,
eine Ringform mit ca. 25 cm Durchmesser,
dicken Bindedraht,
eine Drahtzange,
eventuell Heiß- oder transparenten Sekundenkleber.

◀ *Die Zutaten für diesen üppigen Herbstkranz stammen allesamt aus dem Küchengarten. Die Komposition besteht aus getrocknetem Ziermais und getrockneten, golden besprühten Zierkürbissen.*

▶ *Spargel und Frühlingszwiebeln (Schalotten), Rote Bete und Karotten, grüne Bohnen und Radieschen – dieser farbenfrohe Wand- oder Tischschmuck wird mit Bast auf einer Ringform festgehalten. Ein paar frische Kräuter zwischen dem Gemüse verbreiten bei diesem Arrangement zusätzlich einen aromatischen Duft.*

Aus dem Garten

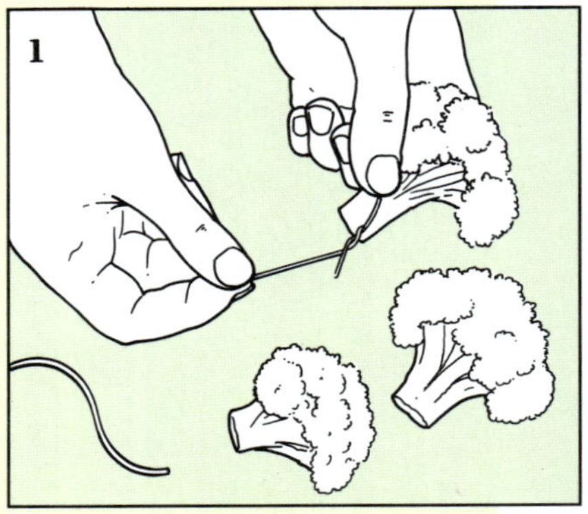

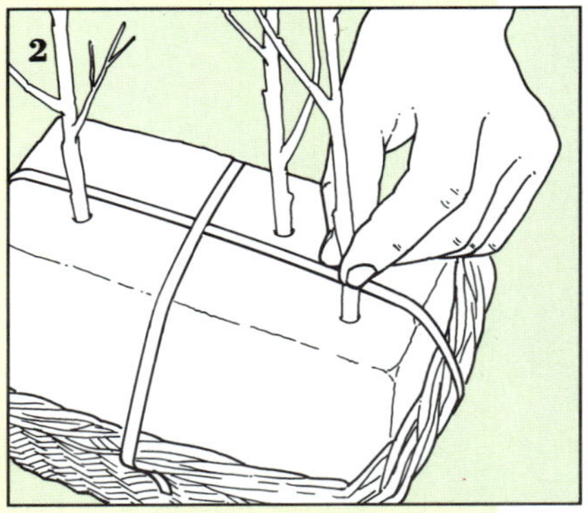

__1__ Teilen Sie Brokkoli und Blumenkohl in Röschen. Durchbohren Sie die Stiele mit kurzen Drahtstücken und verdrillen Sie deren Enden. Verdrahten Sie auf die gleiche Weise auch die Champignons und den Knoblauch.

__2__ Drücken Sie ein Stück feuchte Steckmasse fest in den Korb (der vorher mit Plastikfolie ausgelegt wurde) und sichern Sie sie zusätzlich noch mit zwei Streifen Floristenklebeband. Ordnen Sie kürzere Ästchen in weiten Abständen in der Steckmasse an.

◀ *Blumenkohl, Brokkoli, Knoblauch, Minze, Rosen und Lilien gemeinsam in einem rechteckigen Korb sind eine perfekte zweifarbige Dekoration für ein festliches Abendessen.*

Sie brauchen:
knorrige Zweige, z. B. vom Apfelbaum,
einen Blumenkohl,
einen grünen Brokkoli ,
eine Knoblauchknolle,
Champignons,
gefleckte Minze,
weiße Rosen,
weiße Lilien,
einen rechteckigen Korb,
Plastikfolie,
Steckmoos für Schnittblumen,
Floristenklebeband,
Blumendraht,
eine Drahtzange,
eine Floristenschere.

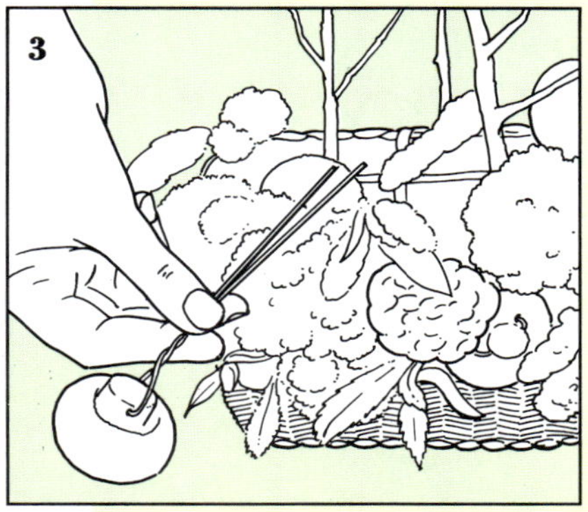

3 *Arrangieren Sie Brokkoli, Blumenkohl, Knoblauch und Champignons an den Korbrändern, so daß das Steckmoos verdeckt wird. Etwaige Zwischenräume füllen Sie mit der Minze.*

4 *In die Mitte des Korbes kommen die langen Lilien. Die Rosen stecken Sie in die Lücken zwischen Lilien und Gemüse, wobei auch hier wieder Minze die Zwischenräume schließt und das Gesteck kompakt macht.*

1
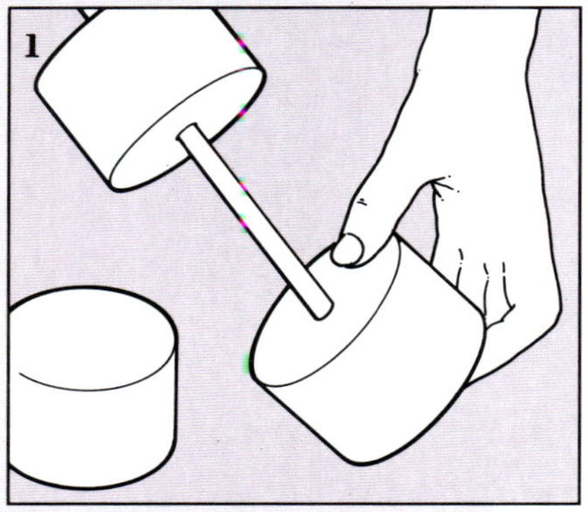

2
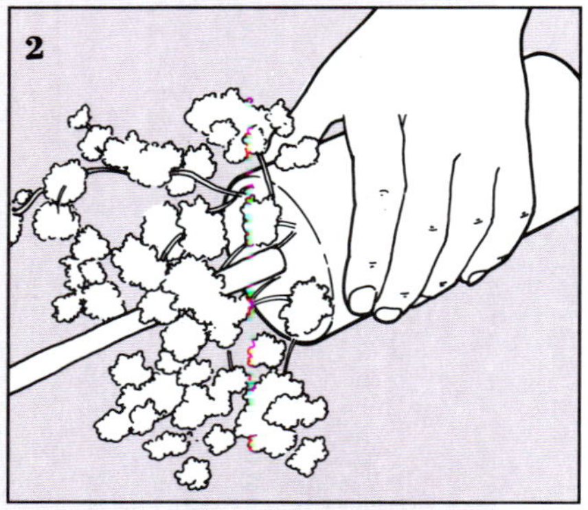

Sie brauchen:
eine Auswahl an Blumen wie Frauenmantel, Margeriten, Rosen, Ringelblumen, Storchschnabel etc.,
eine Floristenschere,
einen dünnen Bambusstab,
drei zylinderförmige Stücke,
Steckmoos für Schnittblumen,
Papierbänder.

1 *Markieren Sie die Mitte der Steckmooszylinder und stecken Sie diese vorsichtig auf den Stab. Den letzten können Sie, falls nötig, mit Draht fixieren, damit er nicht herunterrutscht.*

2 *Zuerst arrangieren Sie den Frauenmantel rund um die Unterseite des untersten Zylinders, so daß die Stiele senkrecht hängen.*

▶ *Beleben Sie eine Terrasse oder einen Innenhof mit diesem floralen „Leuchtfeuer", das auch in der Dämmerung nicht an Ausstrahlung verliert.*

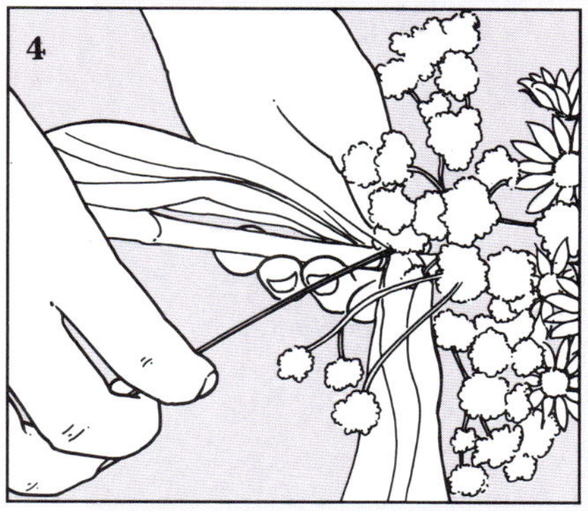

__3__ Schneiden Sie die anderen Blumen relativ kurz ab und arrangieren Sie sie ringförmig um die Zylinder. Ganz oben an der Spitze bildet noch einmal Frauenmantel einen kuppelartigen Abschluß.

__4__ Die Papierbänder werden mit Draht direkt unterhalb der Steckmasse befestigt und danach in Form gezupft. Besprühen Sie die Blumen immer wieder mit kaltem Wasser, damit sie so lange wie möglich frisch bleiben.

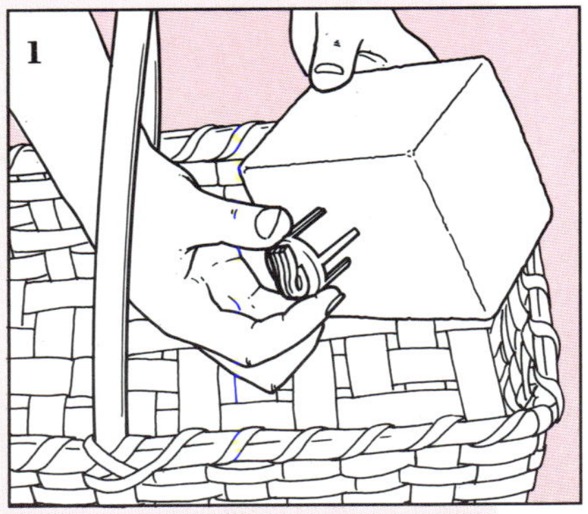

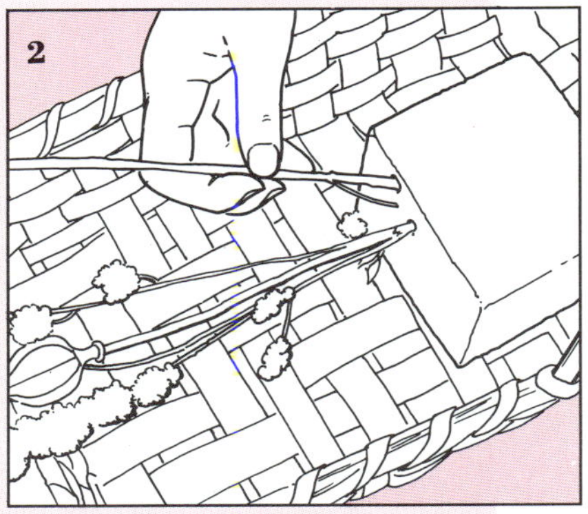

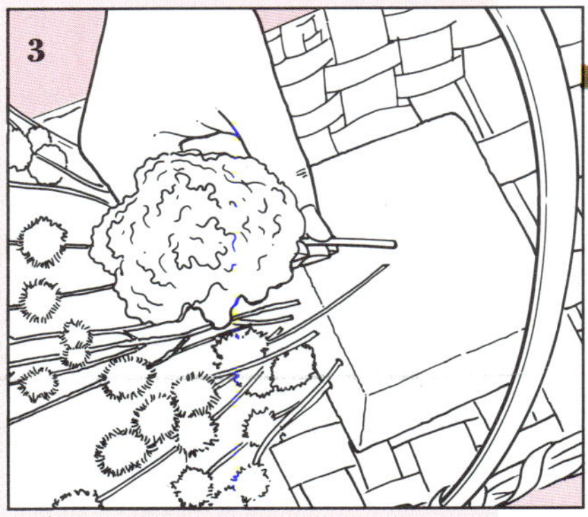

1 Befestigen Sie mit Knetmasse einen Blumenigel seitlich vom Henkel am Korbboden und fixieren Sie darauf das Steckmoos.

2 Positionieren Sie zuerst die langstieligen Trockenblumen, wie z. B. Rittersporn oder Weizen.

3 Zur Mitte hin arrangieren Sie immer kürzer werdende Blumen, wobei sich die Blütenköpfe am Griff dicht am Steckmoos befinden sollten.

Sie brauchen:
getrocknete Blumen wie Rittersporn, Rosen, Lavendel, Kornblumen, Strohblumen,
getrocknete Mohnkapseln,
Weizenähren,
einen flachen Korb,
(ca. 22 x 37 cm),
eine Floristenschere,
einen Blumenigel,
Floristenknetmasse,
einen Block Steckmoos für Trockenblumen,
mitteldicken Blumendraht,
eine Drahtschere,
Papierband in zwei Farben.

◀ *Der Duft von getrockneten roten und gelben Rosenblüten, Lavendel und Minze wird hier durch die vorsichtige Zugabe gemahlener Gewürze und von ein paar Tropfen Rosenöl abgerundet.*

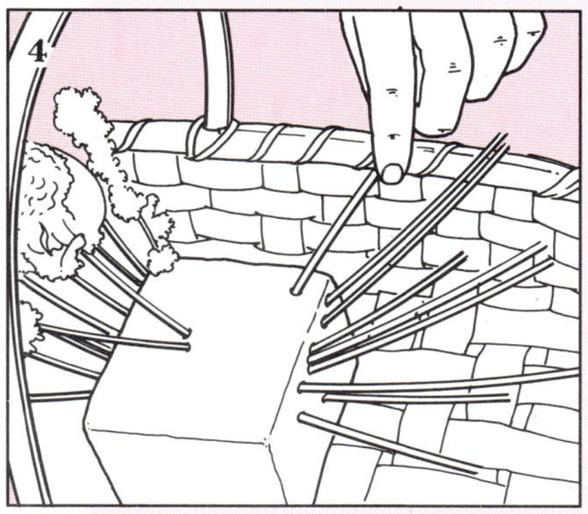

4 Schneiden Sie Weizenhalme in verschiedenen Längen zwischen 10 und 15 cm ab und arrangieren Sie sie fächerförmig auf der anderen Seite des Steckmooses, so daß sie wie die Stiele der Trockenblumen wirken.

5 Binden Sie aus den Papierbändern eine zweifarbige Schleife (Anleitung siehe Seite 17) und umwickeln Sie sie in der Mitte mit etwas Draht. Formen Sie aus Draht einen Haken, schieben Sie diesen auf der Rückseite der Schleifenmitte durch den Draht und fixieren Sie die Schleife in der Steckmasse. Achten Sie darauf, daß das Steckmoos von Blumen verdeckt wird.

◀ Ein üppiges Trockenblumenarrangement in einem flachen Spankorb ist ein schönes Mitbringsel.

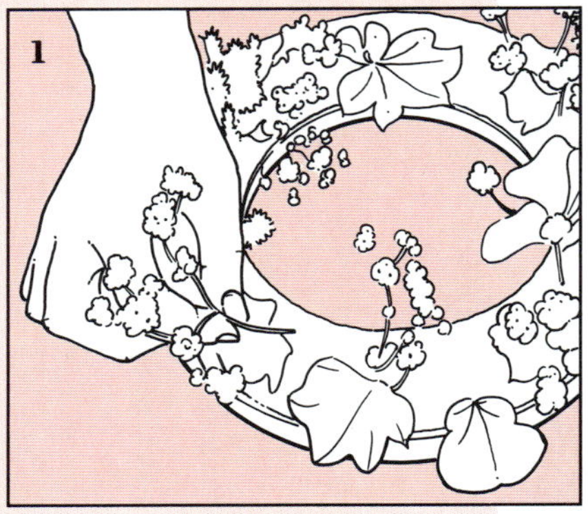

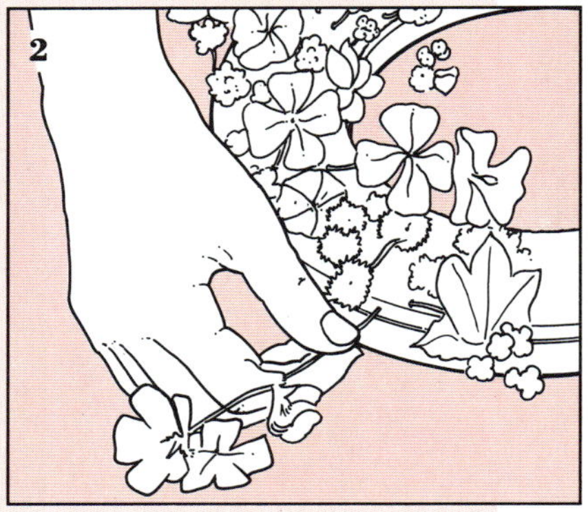

Sie brauchen:
Blumen wie Frauenmantel, Storchschnabel, wallichianum, Kornblumen und Rosen,
etwa 250 g reife Erdbeeren,
hölzerne Zahnstocher oder Cocktailstäbchen,
eine Floristenschere,
eine Kranzform aus Steckmoos für Schnittblumen mit ca. 25 cm Durchmesser in feuchtem Zustand.

1 *Arrangieren Sie kurze Büschel Frauenmantel rund um den Kranz, wobei einige Blätter ganz nah an der Steckmasse liegen sollten, um diese zu verdecken.*

2 *Arrangieren Sie Storchschnabel und Kornblumen in kleinen Büscheln so, wie sie auch im Beet wachsen würden, und stecken Sie die Rosen dazwischen.*

▲ *Frisch geerntete Himbeeren in einem Bett aus Frauenmantel, arrangiert in einem kleinen Spankorb – wer könnte dieser Versuchung widerstehen?*

▶ *Glänzende, leuchtendrote Erdbeeren schmecken nicht nur köstlich, sie sind auch äußerst dekorativ. Hier sind sie als Tischschmuck zusammen mit herrlichen Gartenblumen in einem Kranz arrangiert.*

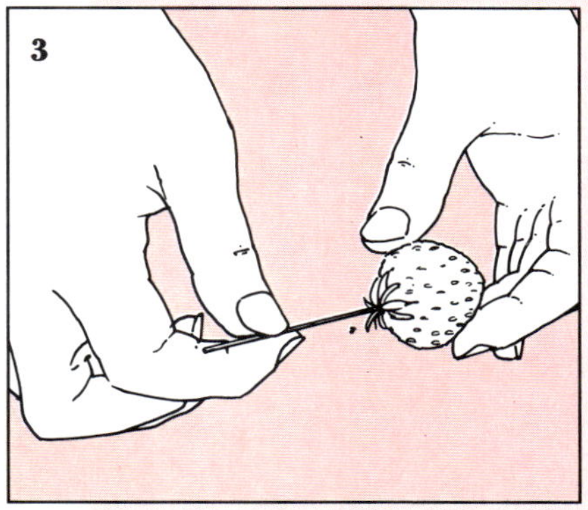

3 *Spießen Sie die Erdbeeren (einige von oben, die anderen von unten) auf die Holzstäbchen.*

4 *Arrangieren Sie die Erdbeeren in zwei gegenüberliegenden Gruppen auf dem Kranz und behalten Sie ein paar in Reserve, falls einige Ihrer Gäste nicht widerstehen können, davon zu naschen. Besprühen Sie Blüten und Früchte immer wieder mit kaltem Wasser, damit sie lange frisch bleiben, besonders, wenn der Kranz der vollen Sonne ausgesetzt ist.*

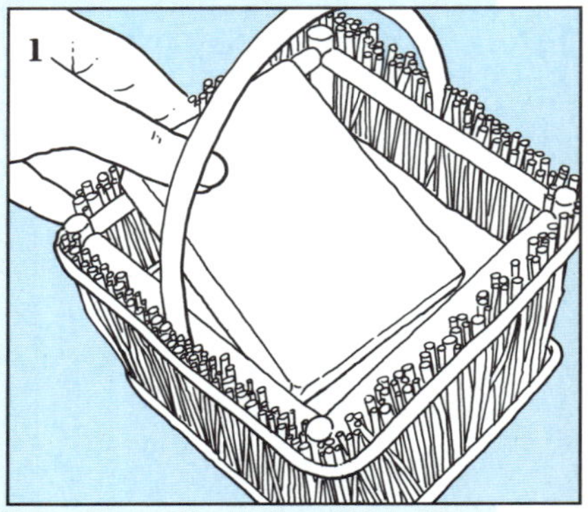

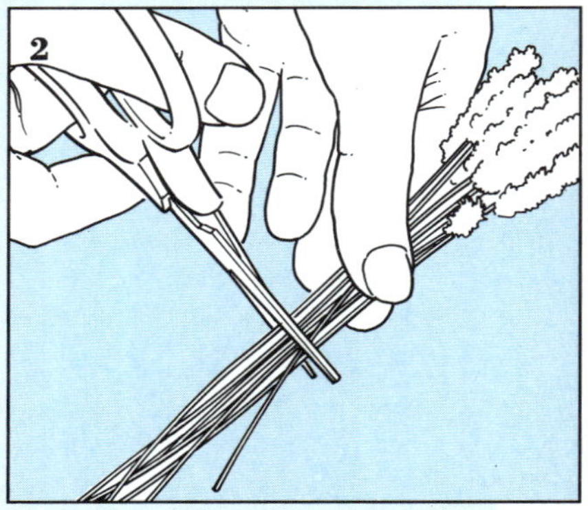

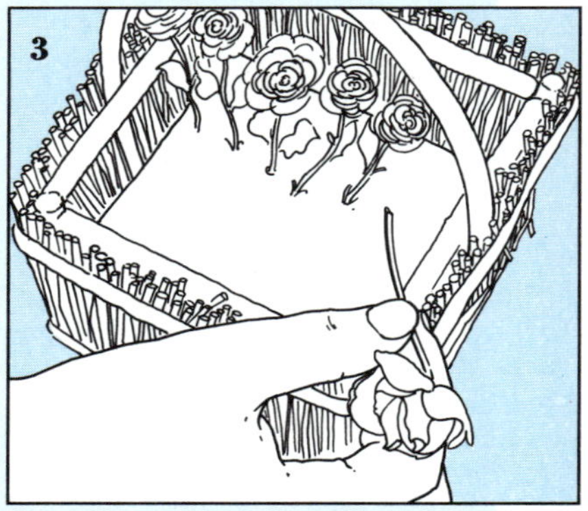

1 Schneiden Sie die Steckmasse auf Korbgröße zu und legen Sie diese hinein.

2 Messen Sie die erforderliche Höhe für den Lavendel – die Köpfe sollten etwa 4 cm über den Korbrand ragen – und schneiden Sie die Stiele auf eine Länge.

3 Kürzen Sie die Rosen auf die gleiche Länge und stecken Sie sie in der Mitte des Korbes direkt unter den Henkel.

Sie brauchen:
einen ca. 20 x 20 cm großen Korb mit geraden Seiten,
Lavendel,
etwa acht getrocknete Rosen,
eine Floristenschere,
etwa 4 cm dicke Steckmasse für Trockenblumen,
ein Messer,
geflochtene Bastschnur,
mitteldicken Bindedraht.

◄ *Eng zusammenstehende Lavendelblüten und eine Reihe getrockneter Rosen, in einem kleinen Korb arrangiert, lassen einen Hauch von Nostalgie aufkommen.*

► *Man kann den Lavendel auch horizontal arrangieren, allerdings sollte der Korb dann etwas größer sein. In die Mitte kommt eine Doppelreihe Rosenköpfe.*

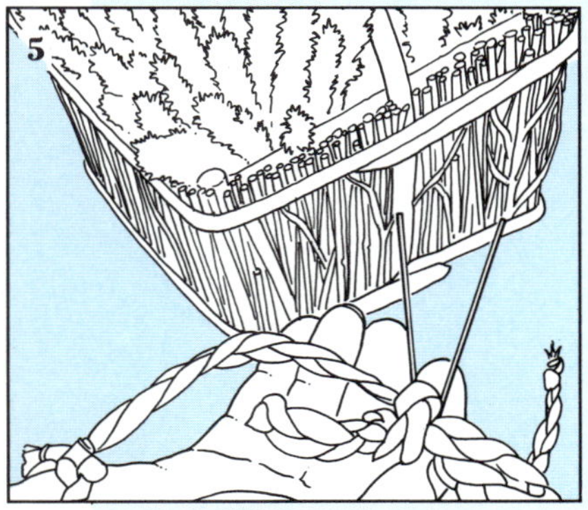

4 Nehmen Sie immer etwa zehn Lavendelstiele zu einem Bündel zusammen und drücken Sie dieses in die Steckmasse, bis der Korb voll ist.

5 Binden Sie den geflochtenen Bast zu einer Schleife und befestigen Sie sie mit einem hakenförmig gebogenen Draht, den Sie durch die Rückseite des Schleifenknotens geschoben haben, am Korb.

▲ *Dieser Kranz aus Heckenrosen, aufgepeppt mit ein paar späten Rosenblüten, ist ein dekorativer Hinweis auf das Ende des Sommers und den nahenden Herbst.*

Sie brauchen:
frische Kräuter,
Blumen wie Stiefmütterchen, Kornblumen, Ringelblumen, Rosen und Frauenmantel,
eine Kranzform aus doppeltem Draht mit ca. 25 cm Durchmesser,
Heu oder Moos,
grüne Schnur,
Silberdraht,
eine Floristenschere,
mitteldicken Bindedraht,
eine Drahtzange.

▶ *Ein herzförmiger Kranz wirkt überaus romantisch. Zu besonderen Anlässen sollten Sie die Sträußchen schon vorher binden und bis kurz vor dem Arrangieren in Wasser aufbewahren.*

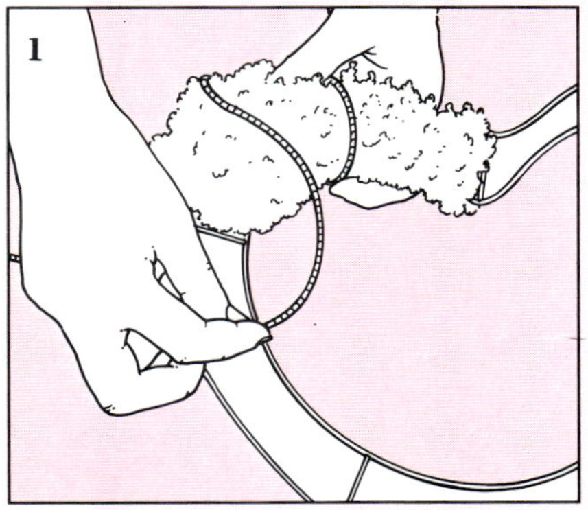

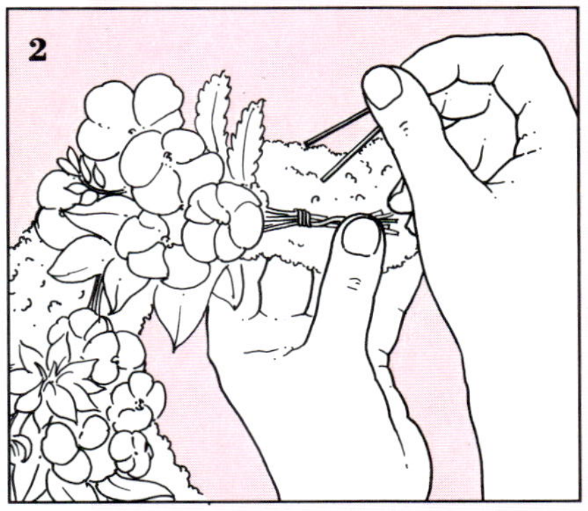

1 Biegen Sie den Drahtring in Herzform und binden Sie mit Hilfe der Schnur das Heu oder Moos daran fest.

2 Arrangieren Sie Kräuter und Blumen zu kleinen Sträußchen und umwickeln Sie die Stiele mit dünnem Silberdraht. Formen Sie aus dem mitteldicken Bindedraht kleine U-förmige Haken und befestigen Sie damit die Sträußchen am Kranz (ohne die Stiele zu verletzen!). Biegen Sie die Drahtenden auf der Rückseite des Kranzes um. Achten Sie beim Anbringen der Sträußchen darauf, daß keine Stiele sichtbar bleiben.
Besprühen Sie diese Dekoration so oft wie möglich mit kaltem Wasser und hängen Sie sie nicht in die pralle Sonne, damit sie lange frisch bleibt.

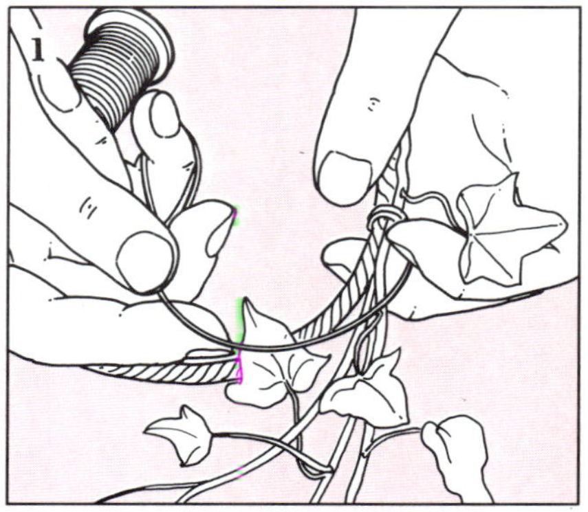

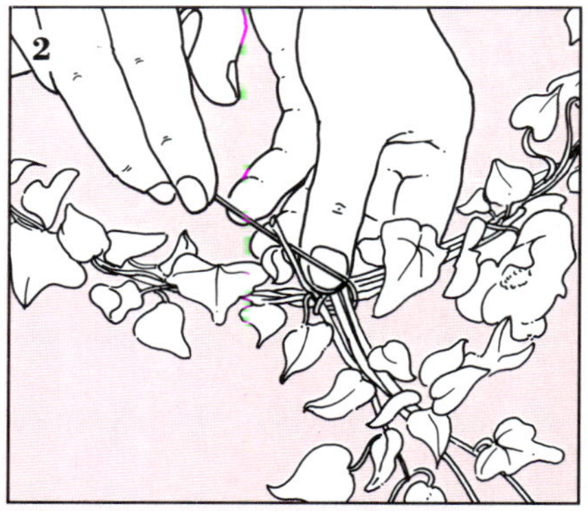

1 Messen Sie den Tischumfang und schneiden Sie das Kernmaterial (zusammengerolltes Papier, Schnur etc.) für die Girlande dementsprechend etwas länger zu. Binden Sie die Enden mit Draht zusammen, so daß ein Kreis entsteht. Binden Sie immer zwei oder drei Efeuranken unsichtbar mit Draht an den „Girlandenkern"

2 Schneiden Sie die Rosen ziemlich kurz ab und stecken Sie sie in regelmäßigen Abständen in die Girlande. Für den kleinen Tisch auf dem Foto wurde ein Abstand von 10 cm gewählt. Für das herabhängende Mittelstück brauchen Sie zwei oder drei verzweigte Efeuranken, die mit Rosen bedeckt werden. Danach binden Sie die Ranken an die Girlande. Den Übergang verdeckt ein kleines Rosensträußchen.

◀ *Eine Girlande aus Efeu und Rosen verleiht jedem Tisch ein festliches Aussehen. Die Efeuranken wurden auf zusammengerolltes Papierband gebunden, das in der Farbe zu den Rosen paßt.*
Damit die Girlande möglichst frisch aussieht, können Sie die Efeuranken bereits am Abend vor dem Ereignis binden und die Rosen, die Sie zuvor in Wasser aufbewahrt haben, erst kurz vor Beginn hineinstecken.

Sie brauchen:
lange, kleinblättrige Efeuranken,
Rosen,
zusammengerolltes Papierband oder eine Schnur,
Silberdraht,
Heiß- oder Sekundenkleber,
eine Floristenschere.

▲ *Auch bei dieser Hutdekoration spielen Rosen die Hauptrolle. Binden Sie Blüten und Blätter zu zwei kleinen Sträußchen und befestigen Sie diese mit U-förmig gebogenen Drahtnadeln am Strohhut.*

Vom Wochenmarkt

Geben Sie auf dem Wochenmarkt ruhig der Versuchung nach, aromatische Gewürze, glänzende Zitrusfrüchte, exotische Samenkapseln und andere dekorative Dinge aus fernen Ländern einzukaufen: Denn damit lassen sich wirklich wunderbare und phantasievolle Arrangements erstellen.

Vom Wochenmarkt

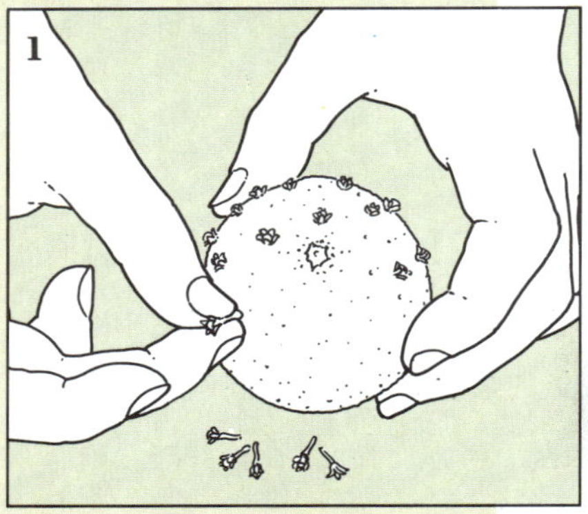

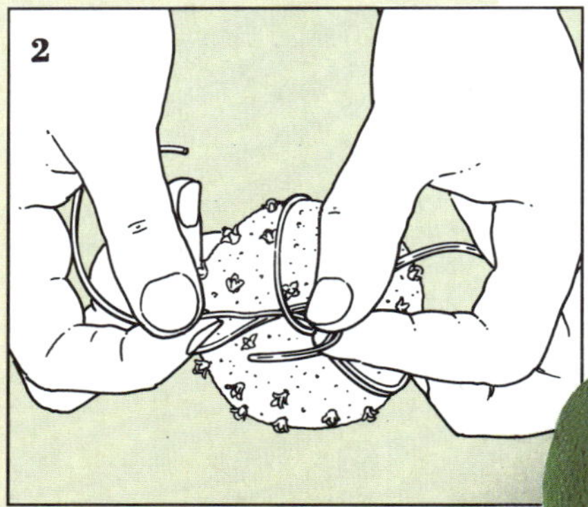

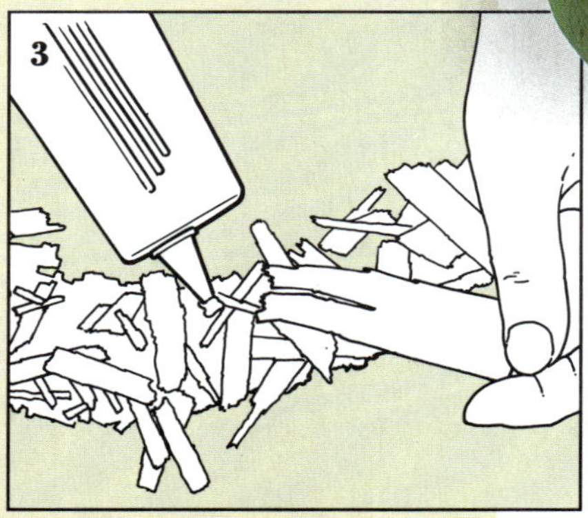

1 *Spicken Sie die Orangen, Limonen und Zitronen mit den Gewürznelken. Eventuell mit einem spitzen Gegenstand vorbohren!*

2 *Umwickeln Sie die Früchte mit den Lederbändern und fixieren Sie diese mit einer Schleife.*

3 *Verdecken Sie die untere Hälfte der Kranzform mit grob zerstückelter Zimtrinde, die sorgfältig aufgeklebt wird.*

Sie brauchen:
zwei Orangen,
zwei Limonen,
eine Zitrone,
Gewürznelken,
eine Nadel oder anderen spitzen Gegenstand,
Lederbändchen,
lange Zimtstangen,
Bast,
Zimtrinde,
exotische Samenkapseln,
Lorbeerzweige,
einen Drahtring mit ca. 25 cm Durchmesser,
mitteldicken Bindedraht,
eine Drahtzange,
eine Floristenschere,
Heiß- oder Sekundenkleber.

▶ *Dieser Kranz erinnert ein wenig an das Mittelalter, als die Häuser mit gespickten Orangen und wohlriechenden Kräutersträußen geschmückt wurden. Der Duft und die satten Farben gestalten das Arrangement dekorativ.*

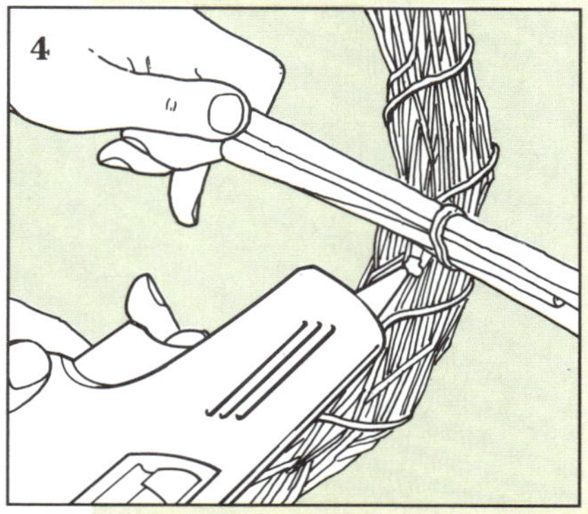

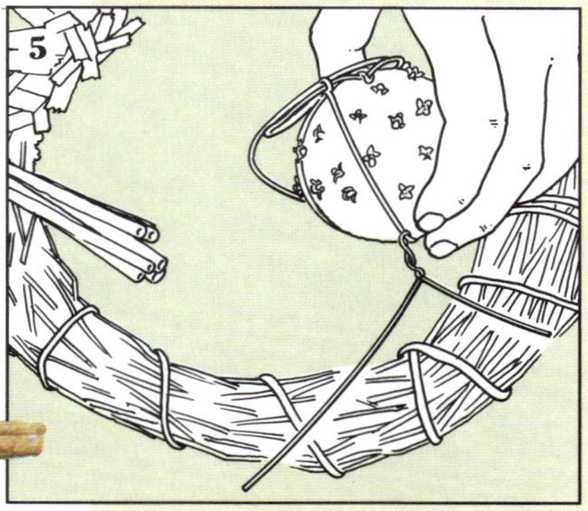

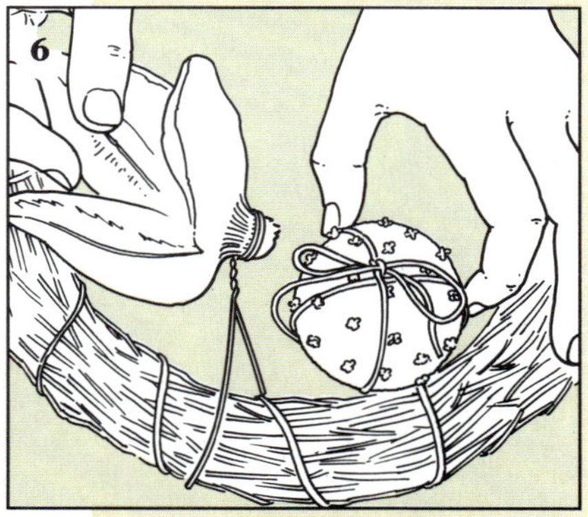

4 Bilden Sie aus den Zimtstangen zwei Bündel und umwickeln Sie sie mit Bast. Sie werden mit Kleber oder Draht seitlich am Kranz befestigt.

5 Durchbohren Sie die Früchte mit Draht und befestigen Sie sie am Kranz.

6 Bringen Sie die Samenkapseln und Lorbeerbüschel mit Draht oder Leim an.

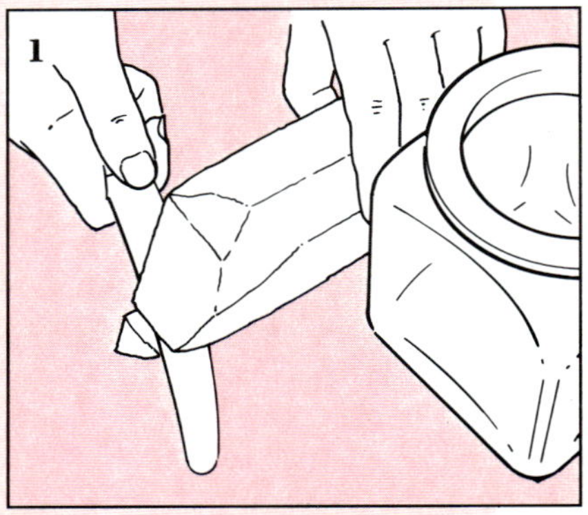

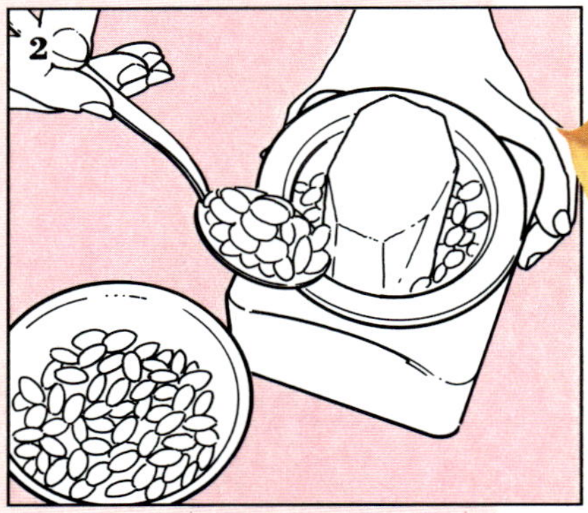

1 Schneiden Sie die Steckmasse zylinderfömig zu, damit sie in der Mitte des Gefäßes stehen bleibt und ca. 4 cm über den Rand hinausschaut. Kleben Sie einen Blumenigel mit Floristenknetmasse am Boden des Gefäßes fest und befestigen Sie darauf das Steckmoos.

2 Füllen Sie das Gefäß mit Kidneybohnen auf, so daß die Steckmasse nicht mehr sichtbar ist.

▶ Ein dickwandiges Glas aus der Küche, gefüllt mit getrockneten roten Kidneybohnen, wird zum eleganten Gefäß für eine Sammlung exotischer Samenkapseln und getrockneter Blätter. Anstelle der Kidneybohnen können Sie übrigens auch Gewürze verwenden.

Sie brauchen:
getrocknete Blätter,
exotische Samenkapseln,
bizarre Zweige,
getrocknete Blüten,
ein Glasgefäß, ca. 20 cm hoch,
Steckmoos für Trockenblumen,
ein Messer,
einen Blumenigel,
Floristenknetmasse,
eine Floristenschere,
getrocknete rote Kidneybohnen,
einen Schwamm,
mitteldicken Bindedraht,
eine Drahtzange.

◀ *Ein Glas mit schichtweise eingefüllten Koriandersamen, Wacholderbeeren und roten Pfefferkörnern ist nicht nur eine aromatische und farbenfrohe Küchendekoration, sondern auch ein ausgefallenes Mitbringsel.*

▼ *Exotische Samenkapseln wie diese hier sind in gut sortierten Blumen- und Bastelläden erhältlich. Meist werden sie jedoch ohne Stiele verkauft und müssen deshalb, bevor sie in einem Arrangement Verwendung finden, erst einmal „gedrahtet" werden (Techniken siehe Seite 10–11).*

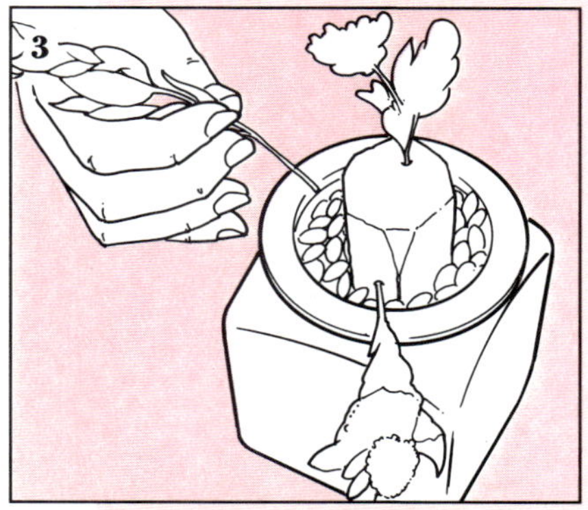

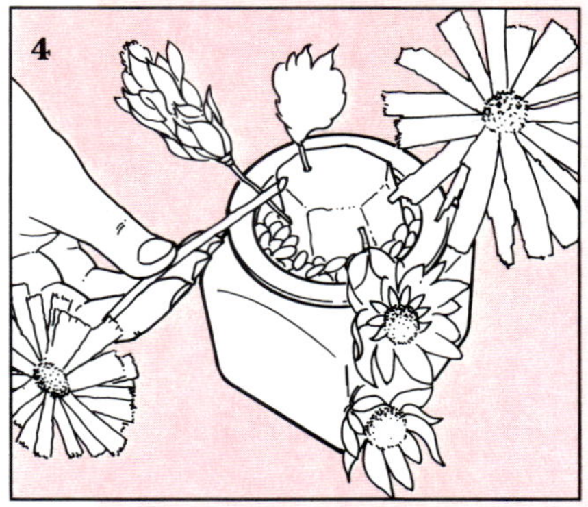

3 *Plazieren Sie die Büschel getrockneter Blätter so, daß sich ein paar Stiele nach außen über die Ränder des Gefäßes neigen.*

4 *Die größte Samenkapsel oder Blüte kommt als Blickfang in die Mitte des Gesteckes. Um sie herum werden dann die anderen Stücke angeordnet, wobei darauf zu achten ist, daß man am Schluß nichts mehr von der Steckmasse sieht.*

◀ *Kombinieren Sie getrocknete Ruscusblätter mit silbergrauem Limonium, exotischen Samen- und einheimischen Klatschmohnkapseln. Arrangieren Sie alles in einer halben Kokosnuß, und Sie haben eine prachtvolle Party-Dekoration.*

Sie brauchen:
Lotoskapseln,
mitteldicken Bindedraht,
weiße Wasserfarbe,
einen kleinen Pinsel,
bunte Blätter,
Samenkapseln,
Limonium (Staticen),
eine Kokosnuß,
eine Säge,
eine Floristenschere,
Steckmasse,
ein Messer.

▲ *Weißgefärbte Lotos- und Kiefernzapfen zwischen silbergrauem und blaugefärbtem Limonium in einem alten Steinkrug. Ein Ton-in-Ton-Arrangement, das sich besonders gut in einer in Grau oder Weiß gehaltenen Umgebung macht.*

1 *Die Lotoskapseln sind oft nur ohne Stiele erhältlich, deshalb schieben Sie einen Draht durch das untere Ende der Kapsel und verdrillen die Drahtenden, so daß ein künstlicher Stiel entsteht.*

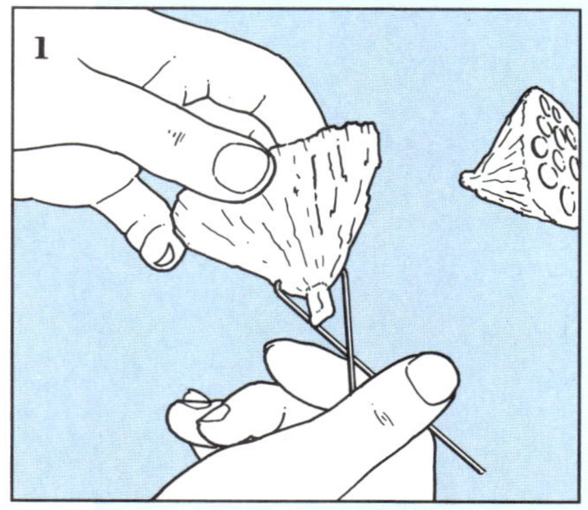

2 *Halten Sie die Samenkapsel über den Farbtopf und achten Sie darauf, daß die Farbe auch in jede Vertiefung eindringen kann. Die überflüssige Farbe wird abgeschüttelt. Die Kapsel kommt zum Trocknen auf eine Zeitung.*

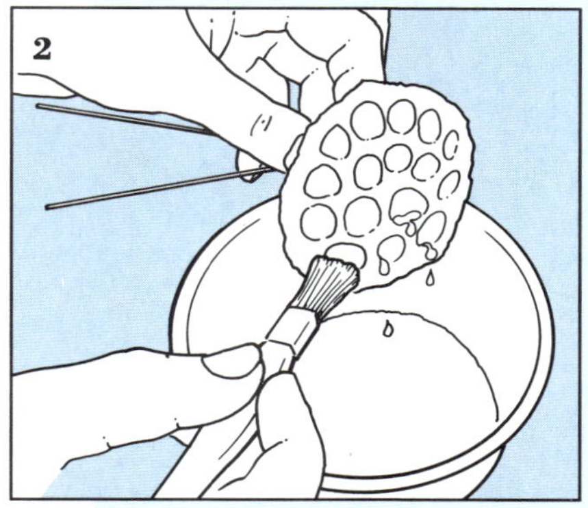

3 *Sägen Sie oben ein Stück von der Kokosnuß ab. Damit sie steht, müssen Sie auch unten ein kleines Stück absägen. Schneiden Sie die Steckmasse zurecht. Stecken Sie Draht durch die Steckmasse und in die Kokosnuß, damit die Steckmasse nicht verrutschen kann. Arrangieren Sie kurze Blätter zu einer Dreieckform.*

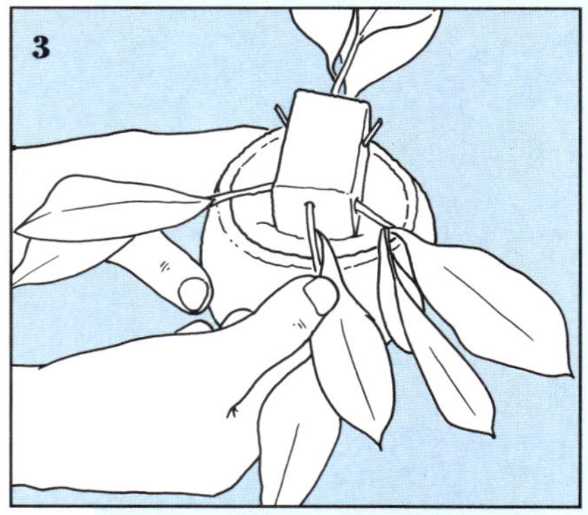

4 *Plazieren Sie die Samenkapseln auf ähnliche Weise wie die Blätter. Eine weißgefärbte Lotoskapsel kommt als Blickfang vorne an den Rand der Kokosnuß. Mit Limonium füllen Sie etwaige Lücken zwischen den anderen Pflanzen aus und verdecken die Steckmasse.*

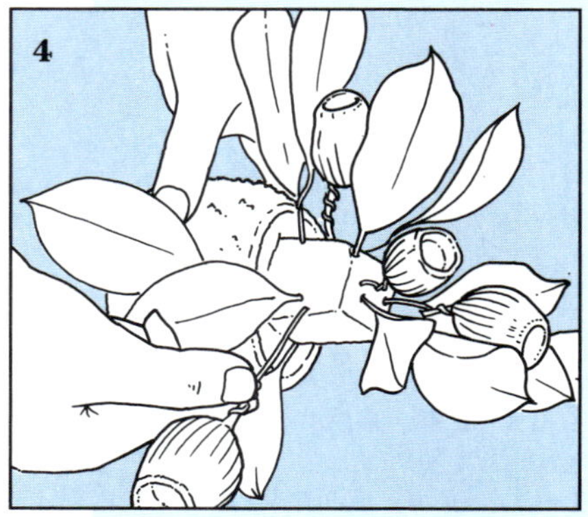

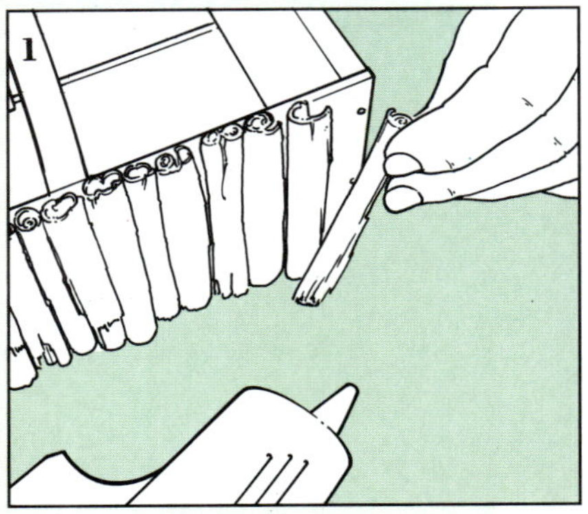

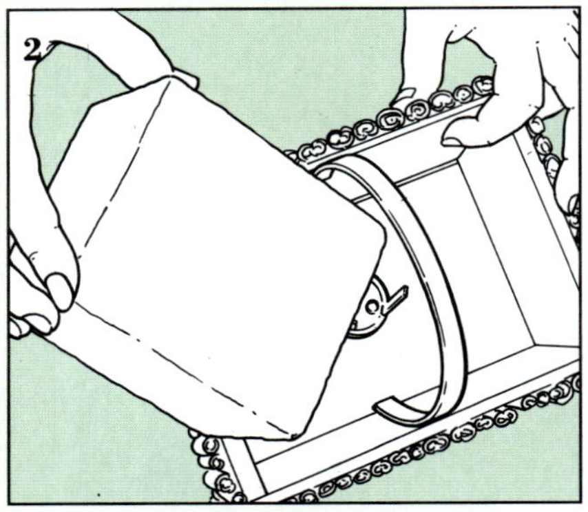

Sie brauchen:
Zimtstangen,
rote und grüne Chilischoten,
Lorbeerblätter,
Knoblauchknollen,
Limonen,
einen Holzkorb mit geraden Wänden, ca. 20 cm lang,
Heißkleber,
Sekundenkleber,
einen Blumenigel,
Floristenknetmasse,
Steckmasse,
ein Messer,
eine Floristenschere,
mitteldicken Bindedraht,
eine Drahtzange.

1 *Kürzen Sie die Zimtstangen auf eine Länge, so daß sie bis zum Rand des Korbes reichen. Kleben Sie sie um den Korb.*

2 *Schneiden Sie die Steckmasse zu (sie sollte etwa 2,5 cm über den Korbrand hinausragen) und befestigen Sie sie mit Hilfe des Blumenigels.*

▲ *Diese Ton-in-Ton-Küchendekoration entsteht, wenn man Zimtstangen auf eine Herzform aus Pappe klebt und eine Schleife aus Bast sowie eine exotische Protea-Blüte hinzufügt. Eine etwas kleinere Version wäre ein hübscher Geschenkanhänger.*

▶ *Ein kleiner Span- oder Holzkorb erhält mit Hilfe von Zimtstangen ein exotisch-rustikales Aussehen. Aus ihm heraus „wächst" ein Arrangement mit roten und grünen Chilischoten, Knoblauchknollen und Limonen.*

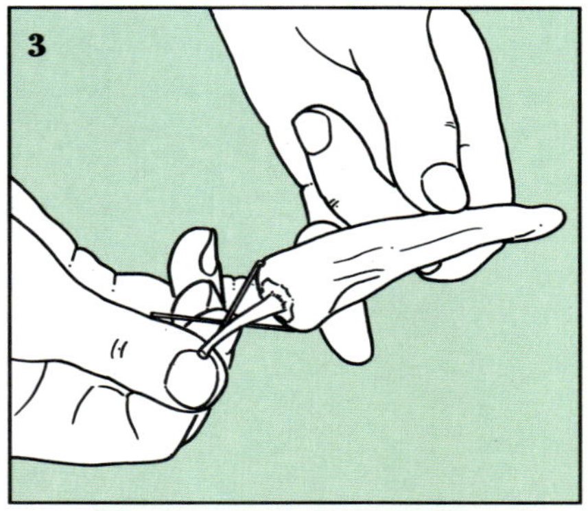

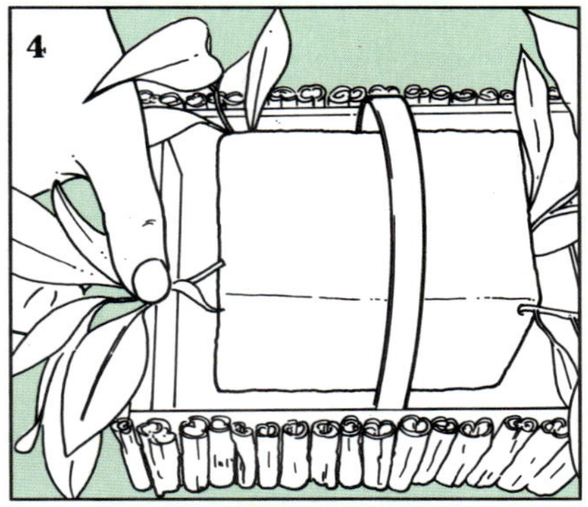

3 Schieben Sie einen Draht durch das untere Ende der Chilischoten und verdrehen Sie ihn. Die Knoblauchknollen und Limonen werden genauso gedrahtet.

4 Arrangieren Sie kurze Lorbeerbüschel am äußeren Rand der Steckmasse (sie dürfen ruhig ein wenig über den Korb herabhängen). Die Zimtstangen sollten diagonal an allen Seiten des Korbes plaziert werden. Dazwischen kommen die Chilischoten, der Knoblauch und die Limonen. Achten Sie darauf, daß das Steckmoos komplett verdeckt ist.

Sie brauchen:
rote Paprikaschoten,
roten Mohn,
Ringelblumen,
rosa Blumen,
Ahornblätter,
einen flachen Korb mit geraden Seiten,
ein kleines Stück Steckmoos für Schnittblumen,
Bindedraht,
ein Messer,
Heu oder Moos,
eine Floristenschere.

◀ *Bei den herrlich satten Rot- und Rosatönen dieses Arrangements spürt man förmlich die Gluthitze eines Hochsommertages.*

1 *Schneiden Sie von einer der Paprikaschoten die Spitze ab. Schieben Sie vorsichtig die feuchte, zugeschnittene Steckmasse hinein.*

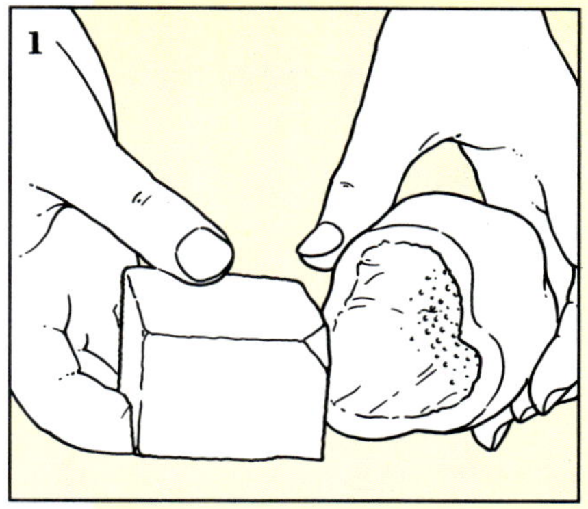

2 *Legen Sie den Boden des Korbes mit Heu oder Moos aus. Arrangieren Sie alle Paprikaschoten im Korb (mit der Stielseite nach unten). Die Schote mit der Steckmoos-Füllung sollte dabei etwas erhöht stehen.*

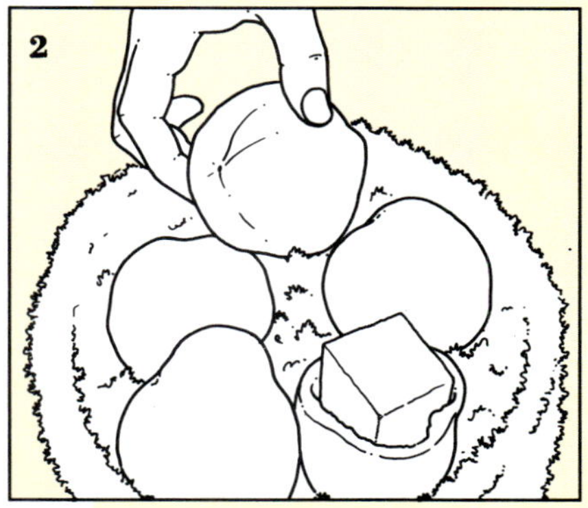

3 *Befestigen Sie die Blätter mit Hilfe von Draht am Korbrand.*

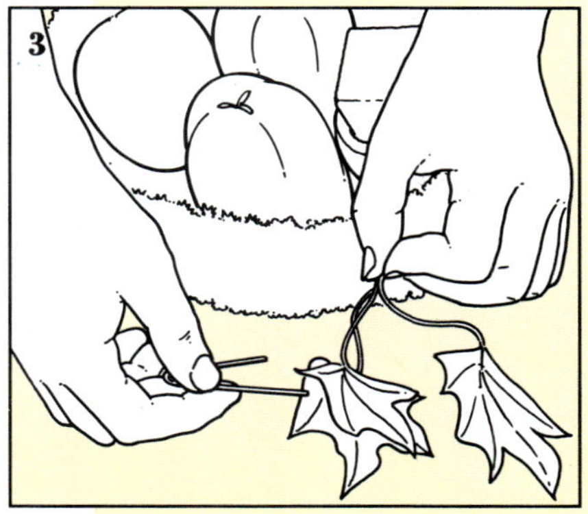

4 *Arrangieren Sie die kleinen Blüten in der Steckmasse, so daß einige von ihnen über den Korbrand herabhängen. Schneiden Sie den Mohn kurz ab und plazieren Sie ihn so im Steckmoos, daß die Blütenköpfe gerade über die Paprikaschoten hinwegragen.*

▲ *Gestalten Sie Ihr Potpourri in den Farben Ihrer Zimmereinrichtung, und Sie erhalten einen attraktiven Blickfang. Diese Mischung in Blau und Beige, die mit gemahlenem Zimt und Ingwer aromatisiert wurde, beinhaltet unter anderem getrocknete Kornblumen, Lavendel, Majoranblüten, Rittersporn und Strohblumen sowie gemahlene Veilchenwurzeln, die den Duft der anderen Gewürze konserviert.*

Das Trocknen von Pflanzen
Sammeln Sie die Blumen und Blüten an einem trockenen Tag und sortieren Sie alle beschädigten oder unschönen Exemplare aus. Breiten Sie sie dann in einer Schicht auf einem Tablett oder in einem flachen Korb aus und stellen Sie sie zum Trocknen in den Halbschatten, in einen luftdurchlässigen Schrank oder an einen anderen warmen, trockenen Ort. Wenden Sie die Pflanzen hin und wieder, bis sie sich so trocken anfühlen und anhören wie Cornflakes. Sie können zu Ihrem Potpourri auch bereits getrocknete Blüten und Blätter hinzufügen, die vielleicht von einem früheren Arrangement stammen und zu schade zum Wegwerfen sind.

▶ *Beim Zusammenstellen eines Potpourris können Sie Blüten und Blätter aus dem Garten, Moos und Zapfen aus dem Wald sowie exotische Aromen vom Wochenmarkt kombinieren. Die Mischungen auf diesen Seiten wurden wegen des dekorativen Aussehens und ihres aromatischen Duftes ausgewählt.*

Vom Wochenmarkt

Grünes Moos-Potpourri
1 Tasse tiefrote Rosen- oder Pfingstrosenblätter,
1 Tasse getrocknetes Moos,
½ Tasse Eukalyptusblätter,
einige Fruchtstände von Nigella orientalis,
1 EL Koriandersamen, grob zerstoßen,
1 TL gemahlener Zimt,
1 TL Pimentkörner,
1 EL gemahlene Veilchenwurzeln,
2 Tropfen Geraniumöl (o. ä.).

Legen Sie alle pflanzlichen Zutaten in ein großes Gefäß, vermischen Sie sie gut und fügen Sie die gemahlene Veilchenwurzel hinzu. Decken Sie das Gefäß ab und lassen Sie es eine Woche lang stehen (nicht in der prallen Sonne). Rühren Sie einmal am Tag die Zutaten durch. Nach einer Woche fügen Sie das Öl hinzu und lassen das Gefäß nochmals fünf Wochen ruhen (täglich mischen!).

Gewürzmischung
1 Tasse Kiefern- oder Lärchenzapfen,
1 Tasse Lorbeerblätter,
1 Tasse Kiefernnadeln,
½ Tasse Hagebutten,
½ Tasse Eukalyptusblätter,
1 EL Koriander,
2 EL Sternanis,
1 EL Wacholderbeeren,
1 EL Gewürznelken,
2 Zimtstangen, zerstoßen,
4-5 Muskatnüsse,
etwas Muskatblüte,
getrocknete Orangeschale,
3 Tropfen Fichtennadel- oder Orangenöl.

Vermischen Sie Pflanzen, Gewürze und Öl. Sechs Wochen lang in einem verschlossenen Gefäß durchziehen lassen, täglich schütteln!

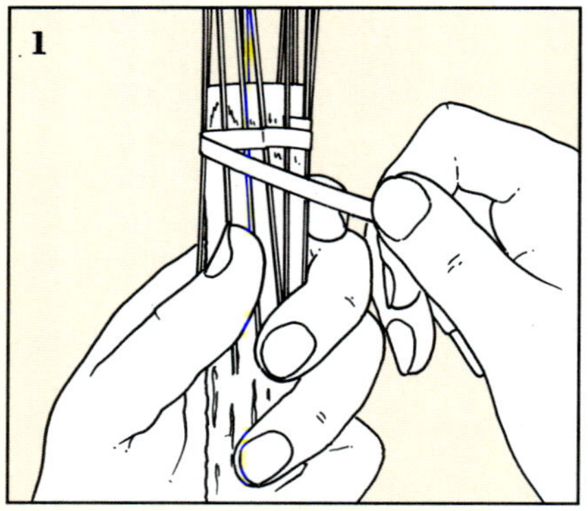

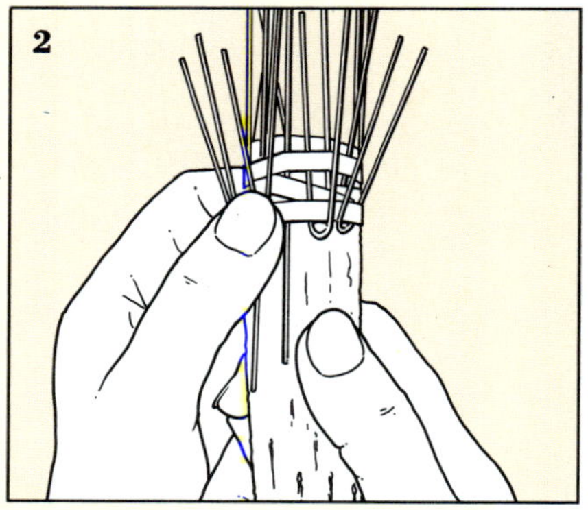

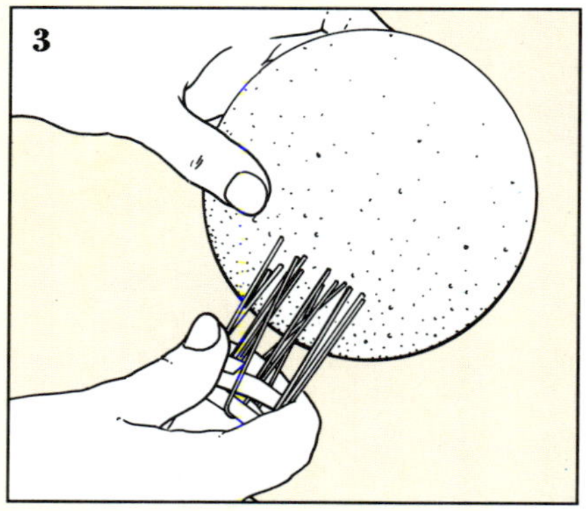

1 *Legen Sie um das obere Ende des Astes ein paar Drahtstükke, die zur Hälfte überstehen. Fixieren Sie sie mit Klebeband.*

2 *Biegen Sie das untere Ende der Drähte nach oben um, so daß sich die Anzahl der nach oben ragenden Drahtenden verdoppelt.*

3 *Drücken Sie die Steckmooskugel auf die Drähte.*

◀*Ganz alltägliche Dinge wie Erd- und Walnüsse sowie Zimtstangen, ja sogar ein alter Blumentopf aus Ton, können mit etwas Goldspray in ein besonderes Arrangement verwandelt werden. Dieser Gewürzbaum wäre zum Beispiel eine hübsche Weihnachtsdekoration.*

Binden Sie dazu Zimtstangen mit Bast über Kreuz und besprühen Sie diese sowie einige der Nüsse mit Goldglanz. Zum Befestigen werden die Erdnüsse mit Draht durchbohrt, bei den härteren Nüssen dagegen muß der Draht angeklebt werden. Die Pekannüsse haben wir bei diesem Arrangement als Kontrast nicht besprüht, dafür aber ein Band im selben Farbton wie die Pekannüsse ausgewählt.

Sie brauchen:
eine Auswahl Nüsse wie Walnüsse, Pekannüsse, Erdnüsse,
Zimtstangen,
Bast,
Goldspray,
feines Schleifenband, ca. 4 cm breit,
einen kräftigen Ast, ca. 20 cm lang,
mitteldicken bis dicken Bindedraht,
Floristenklebeband,
Trockenmoos,
einen Blumentopf mit 12 cm Durchmesser,
eine Kugel aus Steckmoos für Trockenblumen mit 17 cm Durchmesser,
Modelliermasse,
eine Floristenschere,
Heiß- oder transparenten Sekundenkleber.

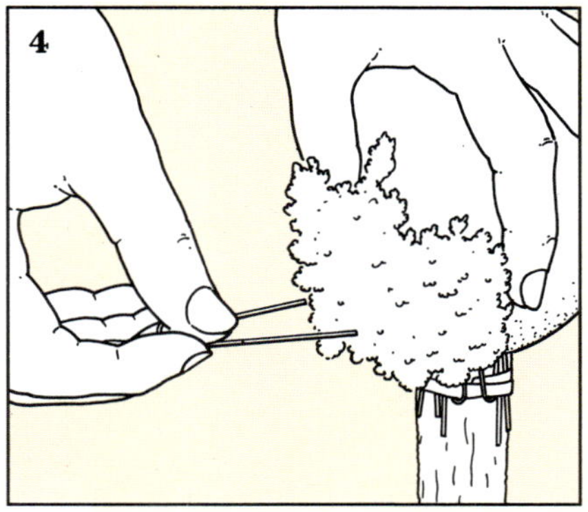

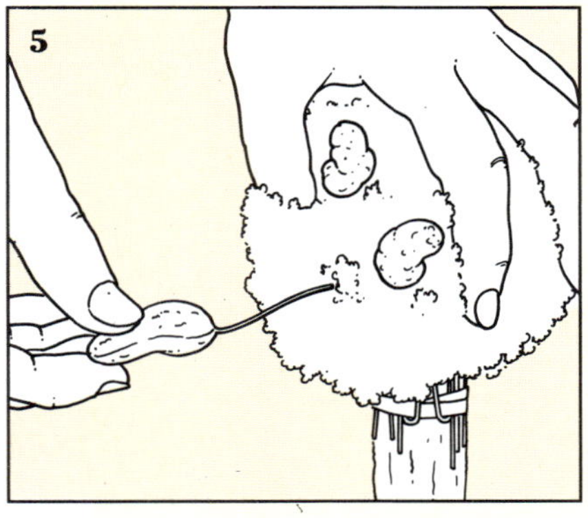

4 *Fixieren Sie den Ast mit Modelliermasse im Topf. Biegen Sie aus Draht einige U-förmige Haken und befestigen Sie damit büschelweise das Moos an der Kugel aus Steckmoos.*

5 *Dekorieren Sie die Mooskugel danach mit den gedrahteten Nüssen und Zimtstangen. Binden Sie eine große Schleife direkt unterhalb der Kugel um den Stamm des Bäumchens und füllen Sie den Blumentopf mit Moos aus.*

1
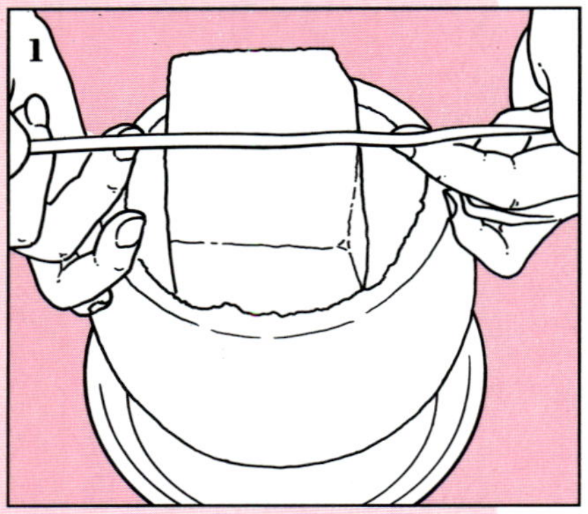

2
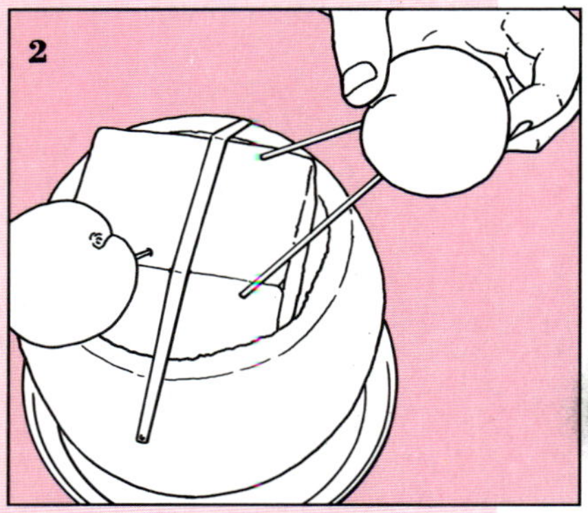

1 *Höhlen Sie die Wassermelone mit Hilfe eines Löffels vollständig aus, aber achten Sie darauf, daß Sie dabei kein Loch in die Schale bohren. Schneiden Sie die Steckmasse so zu, daß sie in die Melone paßt und dabei noch ca. 4 cm über den Rand schaut. Sichern Sie die Steckmasse mit einem Klebestreifen von einer Seite zur anderen.*

2 *Spießen Sie jede Nektarine V-förmig auf einen oder zwei Zahnstocher. Schieben Sie diese dann in die Steckmasse, so daß sich die Früchte nahe am Rand der Wassermelone befinden.*

Sie brauchen:
eine Wassermelone,
zarte Blüten in Lila-, Lachs- und Pinktönen wie Lisianthus und Edelwicken,
drei Nektarinen,
eine Floristenschere,
ein Messer,
einen Löffel,
Steckmoos für Schnittblumen (feucht),
Floristenklebeband,
hölzerne Zahnstocher.

▶ *Exotische Früchte geben ungewöhnliche, wenngleich auch nur kurzlebige Gefäße ab. Sie können die Frucht aushöhlen und das Fruchtfleisch in einem Gang des Menüs verwerten.*

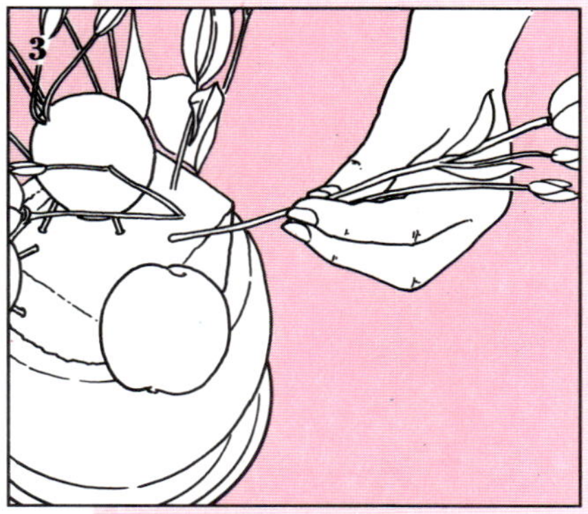

3 *Arrangieren Sie zunächst die längsten Blütenstiele – in diesem Fall den lilafarbene Lisianthus – hinten. Schneiden Sie ein paar Blumen auch kürzer ab und plazieren Sie sie zwischen den Nektarinen.*

4 *Füllen Sie das Arrangement mit Edelwicken in hellen Farben auf, so daß eine harmonische Verbindung zwischen den roten Nektarinen und dem lila Lisianthus entsteht.*

Vom Strand

Suchen Sie die Strände nach Muscheln und Strandflieder sowie nach getrocknetem Seetang und Treibgut ab. Halten Sie Ausschau nach dekorativen Materialien, die entweder rauh und zerklüftet sein können – oder aber perlmuttglänzend und elegant. Fangen Sie sich das niemals endende Rauschen des Meeres ein!

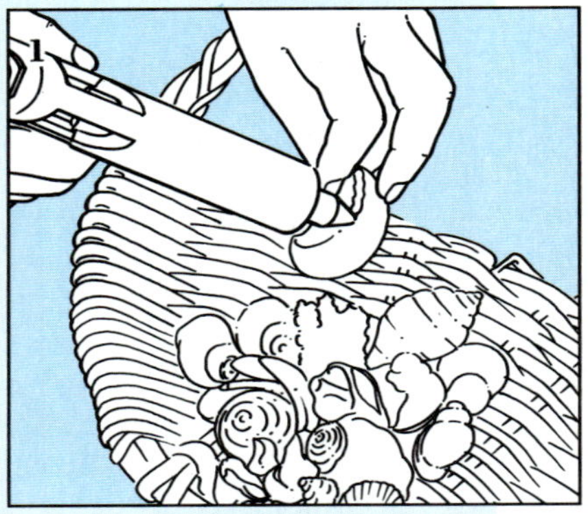

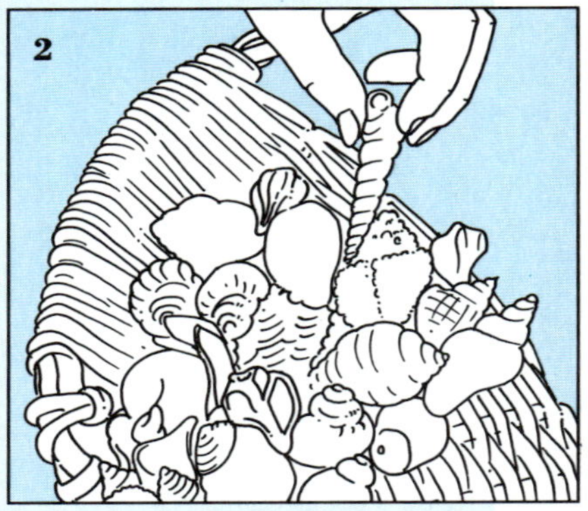

1 *Kleben Sie die Muscheln eng aneinander. Wechseln Sie ihre Form und ihren Farbton ab, damit die Collage klare Umrisse erhält.*

2 *Leimen Sie die kegelförmigen Muscheln fächerförmig an das obere Ende der Collage fest.*

3 *Befestigen Sie kurze Korallenzweige hinter die kegelförmigen Muscheln. Zuletzt leimen Sie als Kontrast noch ein kleines Stück Seetang darauf.*

◀ *Kleben Sie Muscheln auf hölzerne Zahnstocher und stellen Sie sie in einer großen, dekorativen Muschel zur Schau, die Sie mit Sand oder mit braunem Zucker gefüllt haben.*

Sie brauchen:
eine Korbform mit ca. 30 cm Durchmesser,
eine Auswahl an Muscheln,
drei kleine Korallenzweige,
ein kleines Stück Seetang,
Heiß- oder transparenten Sekundenkleber.

▶ *Erinnerung an einen schönen Sommertag.*

▼ *Hier wurde ein Tintenfischpanzer beklebt!*

Vom Strand

1
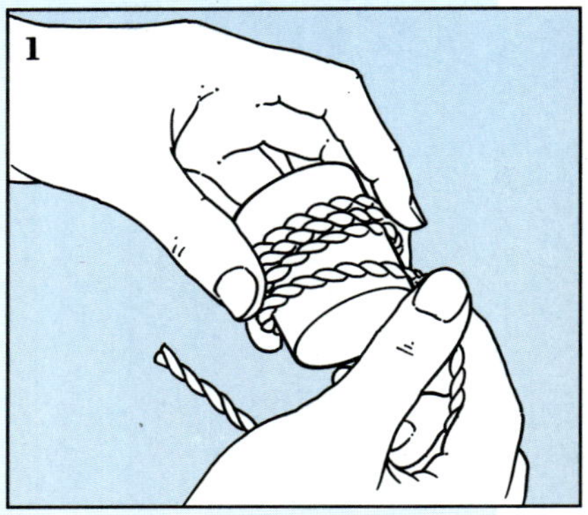

2
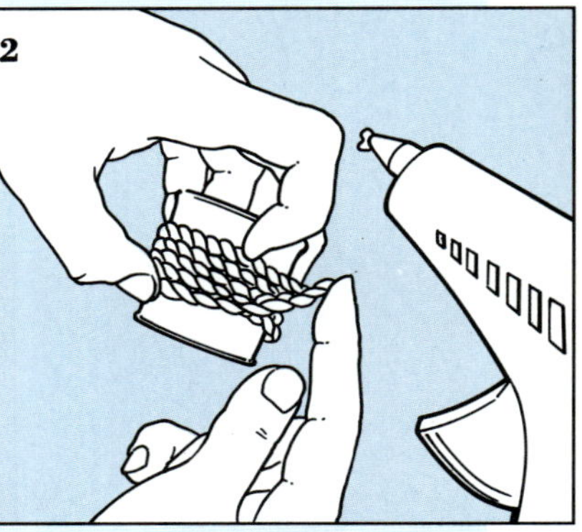

Sie brauchen:
eine glänzende Kordel,
eine Auswahl kleiner
Muscheln,
einen Eierbecher oder eine
Pappröhre mit ca. 6 cm
Durchmesser,
Heiß- oder transparenten
Sekundenkleber.

1 *Benutzen Sie einen Eierbecher oder eine Pappröhre als Form für ihren Serviettenring: Wickeln Sie eine glänzende Kordel fünfmal herum, wobei das Anfangsstück der Kordel ca. 20 cm herabhängen sollte. Während des Wickelns kleben Sie jede Reihe fest an die vorhergehende. Verleimen Sie das zweite Ende der Kordel gut.*

2 *Legen Sie das lange Anfangsstück der Kordel diagonal über die anderen Reihen und fixieren Sie es so mit Kleber.*

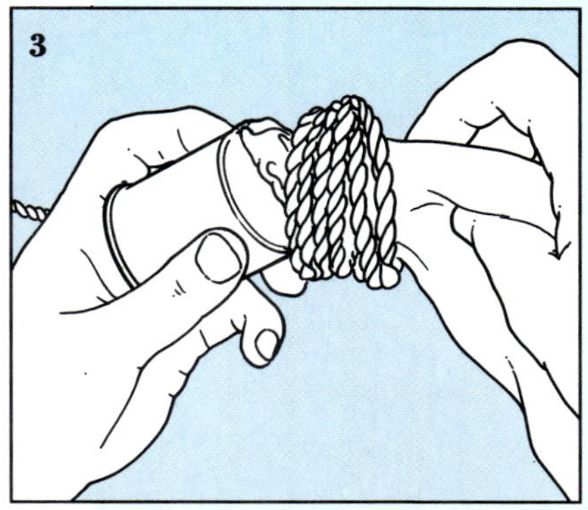

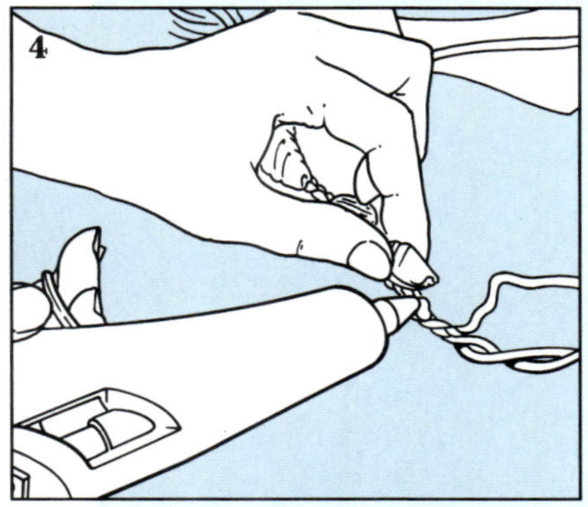

◀ *Bringen Sie die Meeresstimmung auf Ihre Tafel, indem Sie verschiedenartige Muscheln als Kerzen- und Serviettenhalter verwenden.*

▲ *Besonders schöne Steine und Muscheln vom letzten Strandspaziergang kommen am besten in einer ganz flachen Schale zur Geltung. Ein Blickfang wie dieser ist nicht nur äußerst haltbar, er kann auch ständig umarrangiert werden.*

3 *Streifen Sie die Kordel von der Pappröhre oder dem Eierbecher und ziehen Sie sie über eine zusammengefaltete Serviette.*

4 *Kleben Sie kleine Muscheln auf das diagonale Stück und das freie Ende der Kordel. Drehen Sie die letzten 5 cm der Kordel auseinander, die unterste aufgeklebte Muschel wird ein weiteres Aufdrehen verhindern.*
Muscheln mit zerklüfteter Schale und perlmuttglänzendem Inneren reflektieren das Kerzenlicht besonders schön. Stellen Sie mehrere von ihnen in der Mitte des Tisches zusammen oder plazieren Sie eine neben jedem Gedeck. Zwei große Muscheln, die an der Basis zusammengeklebt werden, dienen als Serviettenhalter.

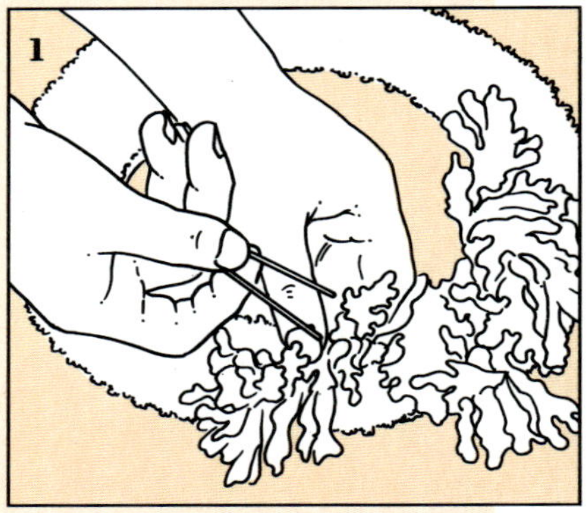

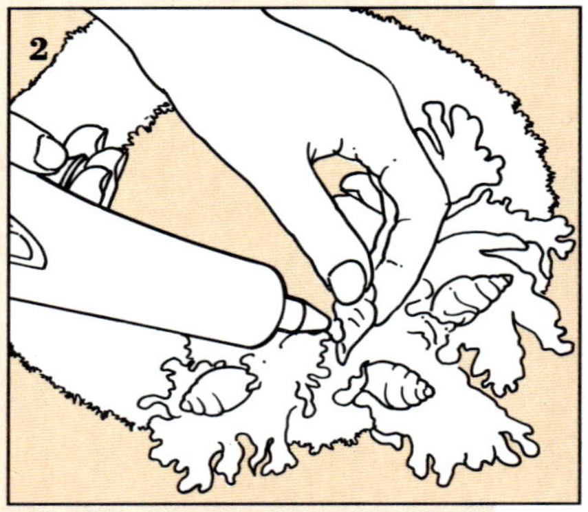

__1__ Biegen Sie den Draht zu U-förmigen Nadeln und befestigen Sie damit Seetangbüschel auf der Kranzform.

__2__ Auf den Seetang werden kleine Muscheln geklebt, damit es aussieht, als hätten sie sich in den Pflanzen verfangen.

▶ *Eine leuchtend gelbe Kaurimuschel wird zum Mittelpunkt dieser tropischen Sammlung, die in einem traditionellen Einmachglas aufbewahrt wird.*

Sie brauchen:
zwei Sorten getrockneten Seetang,
verschieden große Korallenzweige,
eine Kranzform mit 25 cm Durchmesser,
Heiß- oder transparenten Sekundenkleber,
mitteldicken Bindedraht,
eine Drahtzange,
eine Floristenschere.

◀ *Eine Handvoll getrockneter Seetang, ein paar Korallenäste und einige Muscheln auf einer Kranzform befestigt – fertig ist eine prachtvolle Dekoration fürs Badezimmer.*

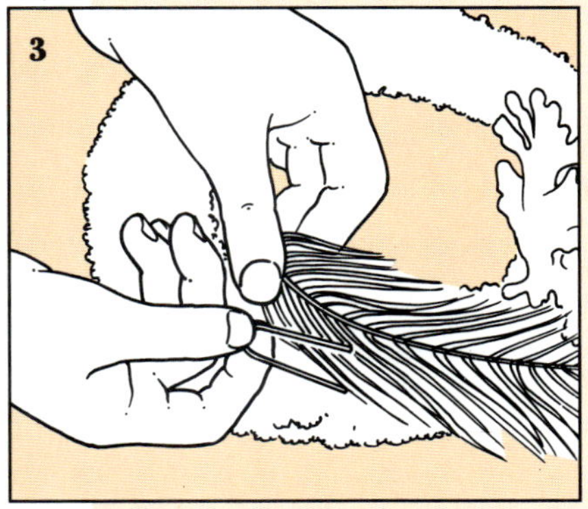

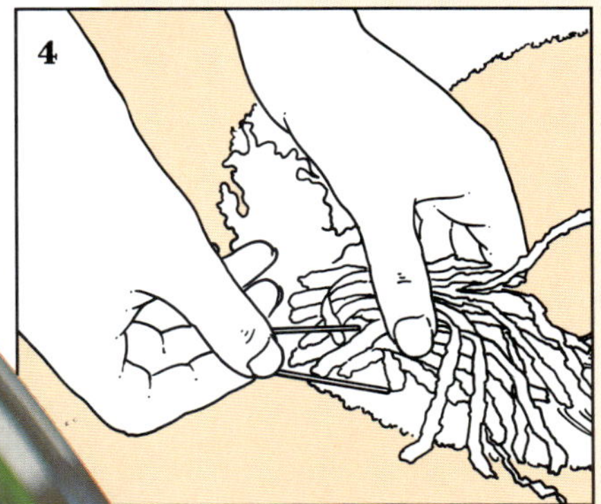

3 *Stecken Sie mit den Drahthaken auch die Korallenäste fest.*

4 *Mit Seetang in einer Kontrastfarbe verdecken Sie die unschönen Stiele der Korallen. Zum Schluß können Sie nach Belieben noch ein paar Muscheln aufkleben.*

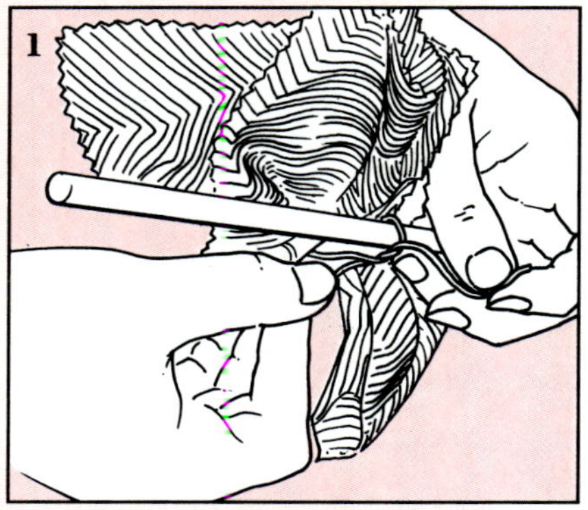

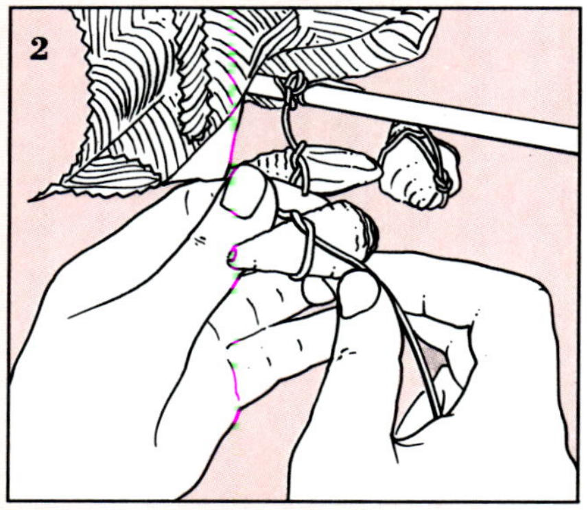

1 *Legen Sie die Muscheln, die Sie verschenken wollen, auf die mit einer doppelten Lage Papiertaschentücher geschützte Innenseite des Stoffes und nehmen Sie den Stoff an den vier Enden zusammen, so daß ein Säckchen entsteht. Umwickeln Sie die Öffnung des Säckchens fest mit einem Lederband und binden Sie es auch um den Stock herum.*

2 *Umwickeln Sie eine Muschel nach der anderen mit dem Lederband, wobei dazwischen jeweils ein Abstand von 4–5 cm bleiben sollte. Falls die Muscheln sehr glatt sind, fixieren Sie das Lederband mit einem Tropfen Leim. Kleben Sie den Seestern seitlich auf.*

▲ *Marmoriertes Geschenkpapier, mit Lederbändern gebunden und dekoriert mit wunderschönen Muscheln.*

◀ *Was wäre als Geschenkverpackung für eine schöne Muschel geeigneter als ein Tuch in Marinefarben, gebunden mit Lederbändern und dekoriert mit kleinen Mitbringseln vom letzten Strandspaziergang.*

Sie brauchen:
ein Stück Baumwolltuch,
eine doppelte Lage Papiertaschentücher,
einen ca. 25 cm langen Stock,
dünne Lederbänder,
Heiß- oder transparenten Sekundenkleber.

Sie brauchen:
einen Korb mit geraden Seiten,
flache Muscheln,
blaugefärbtes Limonium,
getrockneten Seetang,
eine Floristenschere,
Heiß- oder transparenten Sekundenkleber.

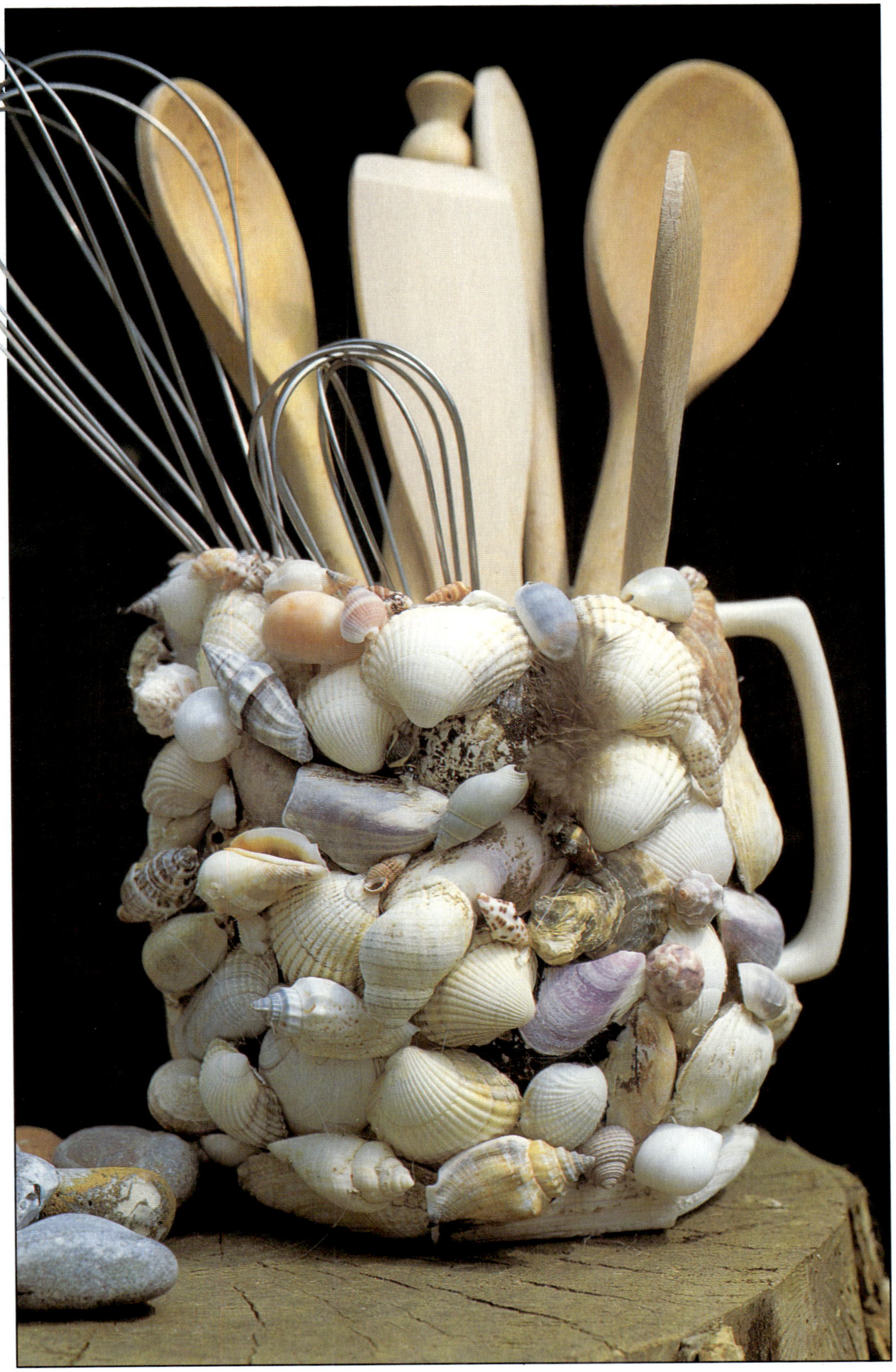

◀ Ein unscheinbarer Einkaufskorb kommt hier als Dekoration fürs Badezimmer zu neuen Ehren, wenn man ihn mit großen und kleinen flachen Muscheln beklebt und mit blauem Limonium bestückt.

▶ Ein ausrangierter Krug erhält durch einen Mantel aus Muscheln eine beinahe barocke Üppigkeit. Sie können auch Schüsseln, Teller oder Vasen bekleben. Nehmen Sie dazu Heiß- oder transparenten Sekundenkleber.

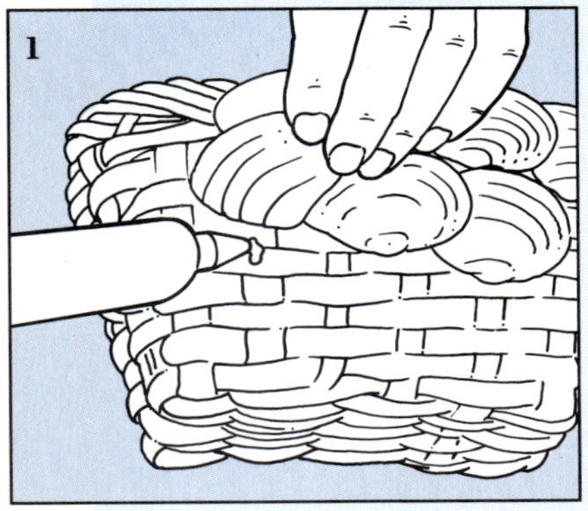

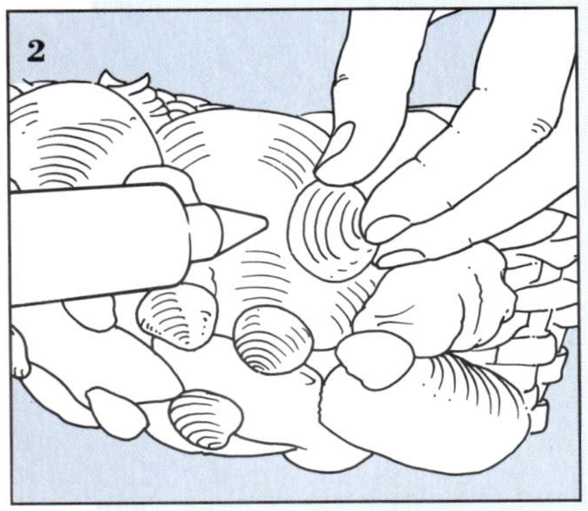

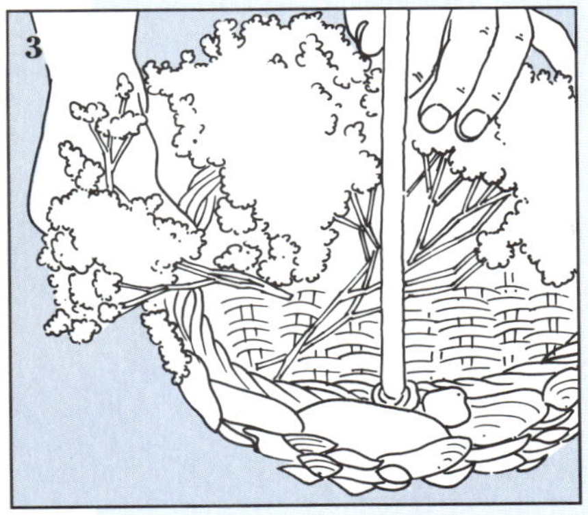

1 *Kleben Sie eine Reihe großer Muscheln am oberen Rand des Korbes fest. Fahren Sie fort, bis der ganze Korb bedeckt ist, wobei die großen die kleinen Muscheln überlappen.*

2 *Kleben Sie kleinere Muscheln dazwischen.*

3 *Füllen Sie den Korb mit einem Strauß Limonium und getrockneten Seetang.*

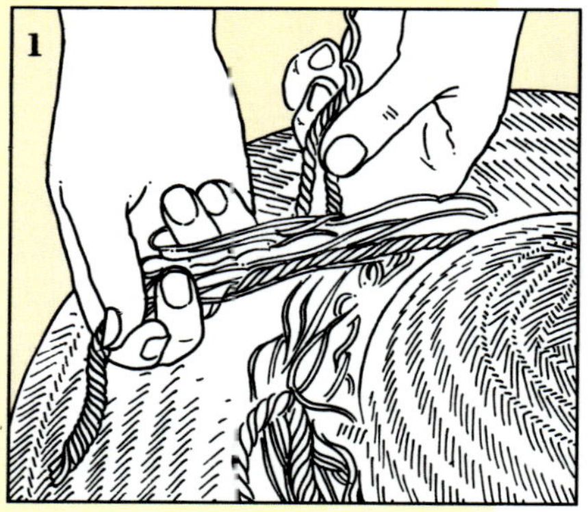

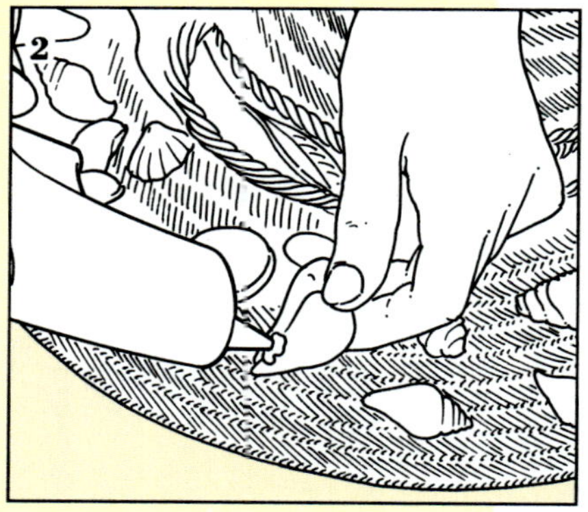

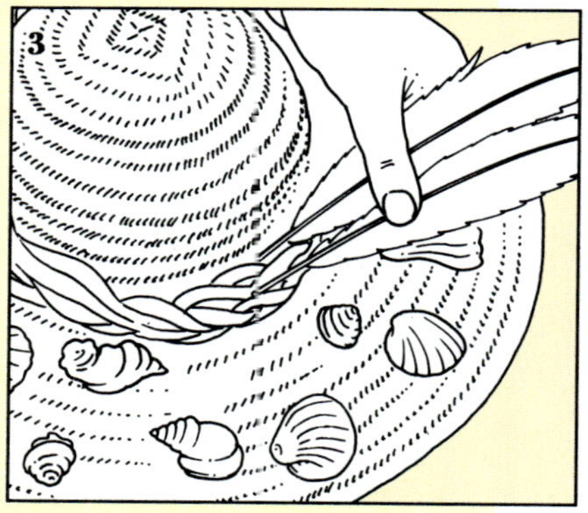

1 *Wickeln Sie das Band um den Hut und lassen Sie die Enden überstehen.*

2 *Kleben Sie die Muscheln in unregelmäßigen Abständen auf den Hutrand.*

3 *Stecken Sie die Federn in das Hutband und fixieren Sie sie mit etwas Leim.*

◀ *Ein einfacher Strohhut wird zum ausgefallenen Einzelstück, wenn man ihn mit Muscheln und Federn beklebt.*

Sie brauchen:
einen einfachen Strohhut,
Seil, Schnur oder Kordel
als Hutband,
eine Auswahl kleiner
Muscheln,
Federn,
Heiß- oder
Sekundenkleber.

▲ *Sammeln Sie am Strand Seetang und besonders schöne Muscheln und machen Sie daraus ein Sträußchen für einen Strohhut. Als Hutband dient ein Band mit glitzernden Goldfäden, in denen sich das Sonnenlicht fängt.*

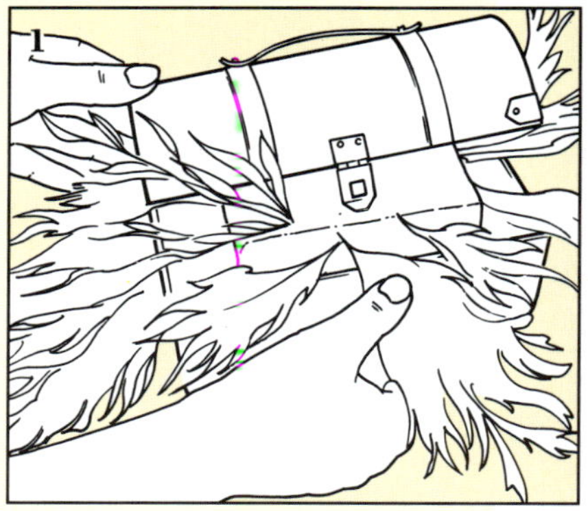

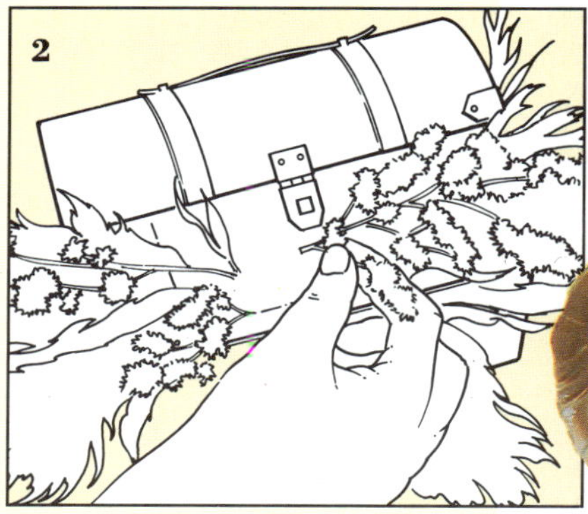

Sie brauchen:
eine Schatulle oder Schachtel mit Deckel, ca. 20 cm breit,
getrockneten Seetang,
getrocknete Blumen,
Meerlavendel und Staticen,
eine Auswahl Muscheln,
einen Blumenigel,
Floristenknetmasse,
Steckmoos,
eine Floristenschere,
hölzerne Zahnstocher,
Heiß- oder transparenten Sekundenkleber.

1 *Befestigen Sie den Blumenigel mit Hilfe der Knetmasse am Boden der Schatulle und fixieren Sie die Steckmasse. Arrangieren Sie zuerst den etwas längeren Seetang.*

2 *Danach werden die kürzeren Blumen dazwischengesteckt.*

▲ *Mit ein paar Tropfen Duftöl verwandeln Sie eine Muschelkollektion in ein ungewöhnliches Potpourri. Legen Sie die Muscheln in einen verschließbaren Behälter, fügen Sie zwei bis drei Tropfen Öl hinzu, mischen Sie alles und lassen Sie das Gefäß ca. eine Woche lang verschlossen stehen. Dann können Sie das Potpourri beispielsweise in großen Muschelhälften arrangieren.*

▶ *Die kleine Holzschatulle wurde mit getrockneten Blumen, Blättern und Muscheln zu einem dekorativen Blickfang veredelt.*

3 *Plazieren Sie besonders schöne Blüten etwas herausragend und gleichmäßig im ganzen Arrangement verteilt an.*

4 *Kleben Sie die Muscheln auf die hölzernen Zahnstocher und stecken Sie sie in die Steckmasse, so daß einige ein wenig über den Rand des Gefäßes herabstehen.*

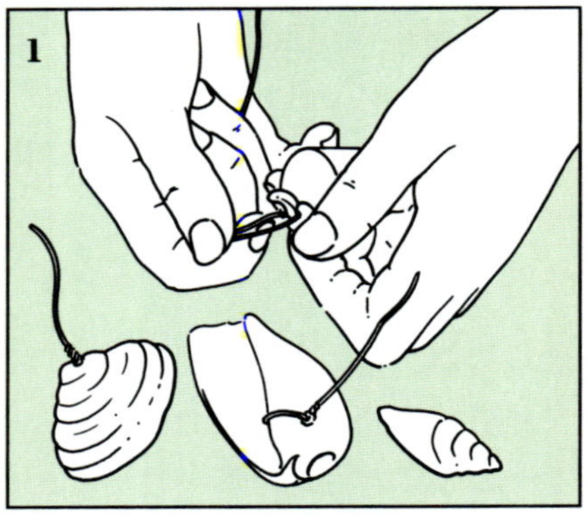

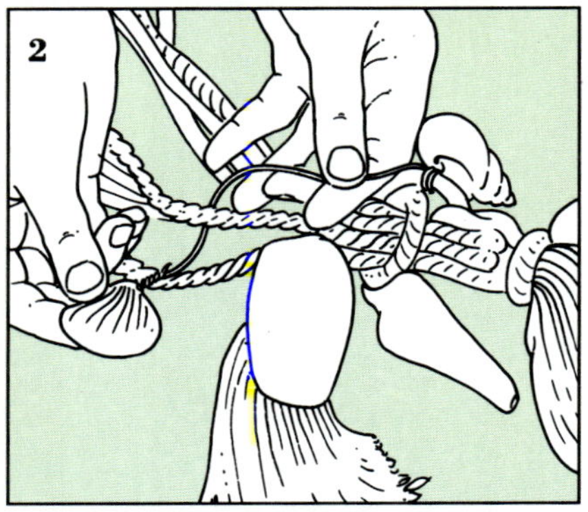

Sie brauchen:
eine Auswahl an Muscheln,
dicke Kordeln mit zwei
Troddeln,
Silberdraht,
eine Schere.

1 *Wenn möglich sollten Sie für diese Dekoration nur Muscheln mit einem kleinen Loch in der Schale verwenden. Schieben Sie Silberdraht durch das Loch und drehen Sie die Enden umeinander. Wenn die Muscheln keine Löcher haben, müssen Sie den Draht um die Muscheln herumwickeln, deshalb sollten sie in diesem Fall keine allzu glatte Oberfläche besitzen.*

2 *Schlingen Sie die Kordel um den Vorhang und bringen Sie mit Hilfe der Drähte die Muscheln dort an, wo sie am besten zur Geltung kommen.*

◀ *Mit Muscheln in zarten Farben und einer Vielzahl an Formen läßt sich ein einfacher Vorhang gewaltig aufpeppen.*

▶ *Ein Tonkrug, bis an den Rand mit Muscheln gefüllt, hat hier einen „Kragen" aus Schnur erhalten, der zusätzlich noch mit Muscheln aller Art verziert wurde.*

Managing Editor: Jo Finnis
Editor: Geraldine Christy
Entwurf: Nigel Duffield
Fotografie: Nelson Hargreaves
Illustrationen: Geoff Denney Associates
Produktion: Ruth Arthur, Sally Connolly,
Neil Randles, Karen Staff, Jonathan Tickner
Produktionsleiter: Gerald Hughes